ECTOPLASMA
DESCOBERTAS DE UM MÉDICO PSIQUIATRA

LUCIANO MUNARI

ECTOPLASMA
DESCOBERTAS DE UM MÉDICO PSIQUIATRA

© 2008 – Luciano Munari

ECTOPLASMA
Luciano Munari

Todos os direitos desta edição reservados à
CONHECIMENTO EDITORIAL LTDA.
Caixa Postal 404 – CEP 13480-970
Limeira – SP
Fone/Fax: 19 3451-5440
home page: www.edconhecimento.com.br
e-mail: conhecimento@edconhecimento.com.br

Nos termos da lei que resguarda os direitos autorais, é proibida a reprodução total ou parcial, de qualquer forma ou por qualquer meio – eletrônico ou mecânico, inclusive por processos xerográficos, de fotocópia e de gravação –, sem permissão por escrito do editor.

Edição de texto:
Margareth Rose Fonseca Carvalho
Revisão:
Julieta Leite
Margareth Rose Fonseca Carvalho
Projeto gráfico:
Monique Fonseca Carvalho
Ilustrações:
Banco de Imagens
Colaborou nesta edição:
Maria Teodora Ribeiro Guimarães

Produzido no departamento gráfico de
CONHECIMENTO EDITORIAL LTDA
grafica@edconhecimento.com.br

Dados Internacionais de Catalogação na Publicação (CIP)
(Câmara Brasileira do Livro, SP, Brasil)

Munari, Luciano
 Ectoplasma : Descobertas de um médico psiquiatra / Luciano Munari – 1ª. edição –, Limeira, SP: Editora do Conhecimento, 2008.

 ISBN 978-85-7618-142-2

 1. Cura pela fé e espiritismo 2. Ectoplasma (parapsicologia) 3. Materialização 4. Terapia de Vida Passada I Título.

08-03883   CDD – 133.93

Índice para catálogo sistemático:
1. Ectoplasma e cura : Doutrina espírita : 133.93

LUCIANO MUNARI

ECTOPLASMA
DESCOBERTAS DE UM MÉDICO PSIQUIATRA

1ª Edição – 2008

EDITORA DO
CONHECIMENTO

Agradecimentos

A todos, conhecidos ou desconhecidos, que, de uma maneira ou outra, colaboraram para que o conhecimento se expandisse para a humanidade e, em um somatório de esforços, tivéssemos a oportunidade de entrar em contato com os temas que inovam a experiência.

À minha amada esposa, Cristiane Helena Neves Barbosa, que com seu amor me oferece motivação para esta vida.

Aos meus dois filhos, Vitória Eugênia e Vítor Hugo, pérolas motivadoras de minha existência como pai e que me proporcionam a alegria de viver.

Aos meus pais, Eugênio Ricardo Munari e Maria Aparecida Conti Munari, que me dispertaram para o pensamento cristão, a perseverança no amor e no trabalho caritativo, cujas bases sólidas me ajudaram a enfrentar as dificuldades.

Aos meus irmãos, Eugênio Marcelo Munari e Patrícia Angélica Munari, sempre fiéis e incansáveis amigos nas difíceis jornadas desta vida.

À dra. Maria Teodora Ribeiro Guimarães, querida amiga e fundadora da Sociedade Brasileira de Terapia de Vida Passada, que sempre se fez presente pela sua figura amável, repleta de sabedoria, e que muito me estimulou a ir adiante e escrever este livro.

Aos colegas didatas da Sociedade Brasileira de Terapia de Vida Passada, Flávio Braun Fiorda, José Pedro da Silva, Márcia Carvalho, Regina Camilo, Lucia Helena dos Santos, Sílvia Scolfaro, Neuza Feijó, Célia Werner, Alexandre Vieira, Marcela Ferreira, Adriana Provedel, Maria Joanna Barros, Ivete Granatto, Paulo Luz, Davidson Lemela, Ivanildes Rocha e Rosa Forchesatto, pelas constantes trocas de experiência profissional.

Às secretarias da Sociedade Brasileira de Terapia de Vida Passada, Márcia Rodrigues e Vânia Alves, que sempre conseguiram manter o contato entre os diretores da SBTVP.

A Marisa Sandra Luccas, pela dedicação com que trabalhou na revisão dos originais deste livro.

Ao editor Sérgio Carvalho, sempre atento à publicação de livros que trazem luz ao coração humano, pela compreensão e dedicação dispensadas à proposta desta obra.

E acima de tudo, a DEUS, por esta minha existência.

Sumário

Prefácio 11
Introdução 13
Capítulo 1 - O ectoplasma e seu histórico 17
Capítulo 2 - Os fenômenos de ectoplasmia no Brasil 27
Capítulo 3 - A visão do ectoplasma na atualidade 39
Capítulo 4 - O ectoplasma nos sintomas da
medicina clássica 51
Capítulo 5 - Ectoplasma e a suspeita de "algo mais" 57
Capítulo 6 - A síndrome ectoplasmática no cotidiano 65
Capítulo 7 - Fatores que interagem para a formação
de sintomas 73
Capítulo 8 - A "insuficiência funcional" hepática 79
Capítulo 9 - Ectoplasma e a síndrome da tensão
pré-menstrual 85
Capítulo 10 - Ectoplasma, depressão e síndrome
do pânico 91
Capítulo 11 - Ectoplasma × psiquismo 97
Capítulo 12 - Ectoplasma como sinal cármico 103
Capítulo 13 - A respeito da formação das doenças 109

Capítulo 14 - As doenças e o processo
          espiritual de cura 115
Capítulo 15 - Ação efetiva para debelar os sintomas 143
Capítulo 16 - Alimentação e ectoplasma 155
Capítulo 17 - Conclusões sobre o ectoplasma e a
          variedade de apresentações 161
Bibliografia 163

Prefácio

Não era sem tempo a oportunidade que nos é dada de poder dispor de mais uma obra sobre tão importante tema: o ectoplasma, assunto ainda novo nos meios acadêmicos e que já conta com tantos defensores e opositores.

Nós, da Sociedade Brasileira de Terapia de Vida Passada, fazemos parte do primeiro grupo, e temos o privilégio de compartilhar da companhia do autor em nossos quadros, com quem partilhamos as mesmas crenças e os mesmos objetivos.

Pudemos acompanhar sua luta para a publicação deste trabalho, que ultrapassa o visível e, corajosamente, vai além, buscando ampliar o conhecimento médico e psicológico, na esperança de contribuir com o ser humano em sua milenar busca de soluções para dores e sofrimentos.

Mais que um ousado e competente cientista do corpo e da alma, o autor empresta seu conhecimento, seu empenho e seu nome em favor do estabelecimento de novas fronteiras etiológicas para as doenças, visando ao bem-estar de todos nós, seres humanos.

O conteúdo que é disponibilizado a cada página desta obra

aos poucos se transforma em uma efetiva contribuição a todos que o aceitarem, e certamente em uma grande possibilidade de rever posições àqueles que não o aceitarem.

Estamos torcendo para que o primeiro grupo — aqueles que já compreenderam a importância de considerar-se o espiritual e o não-palpável nesta nova medicina da alma — componha, com o passar dos tempo, um contingente imenso, mais saudável em seus corpos e em suas almas; enfim, seres mais felizes.

Parabenizamos o autor por mais esta iniciativa corajosa em prol da ciência, mesmo sabendo que ainda conta, nos dias de hoje, com a desconfiança de acadêmicos ortodoxos, muitas vezes a postos para desacreditar qualquer entendimento que escape à percepção imediata de seus sentidos.

Seremos sempre gratos por esta inestimável contribuição para a evolução dos seres humanos e, por conseqüência, do planeta, pois acreditamos que, neste novo milênio, caminhamos para a aceitação universal da existência de algo mais entre o céu e a terra.

Rosa Elvira Forchesatto
Diretora de cursos da SBTVP

Introdução

Conhecereis a verdade e a verdade vos libertará.

JESUS (em *João*, cap. 8, vv. 32)

O material que aqui se apresenta é fruto da experiência clínica que sucedeu-se ao longo dos anos. Meu intuito é justamente relatar neste livro observações pessoais, objetivando colaborar com todos que já abordaram o mesmo tema, e suscitar, inclusive, discussões maiores a respeito da bioquímica do ectoplasma.

Devo informar que, ao comentar as observações que realizei, não me ative a escrever num estilo literário-técnico-científico, pois isso em muito dificultaria a compreensão pela maior parte dos leitores, e extrapolaria a finalidade a que esta publicação se destina. Contudo, não pude omitir alguns termos, visto ser este um texto voltado para a compreensão da atuação do ectoplasma dentro do organismo humano e sua ação nas curas espirituais.

Almejei comentar a necessidade que o ser humano tem de buscar soluções para seus sofrimentos e dores, indo, para isso, além dos horizontes das apresentações visíveis e tangíveis do universo tridimensional. Procurei levantar novas hipóteses que possam ampliar o conhecimento, principalmente da psiquiatria clássica, levando a questionar se vários sintomas explicados por ela não seriam, de certo modo, apenas a ponta de um *iceberg* que tem suas bases fisiológicas oriundas numa matéria desconhecida dos colegas psiquiatras. Estes, desconhecendo a hipótese da reencarnação, suas leis e suas manifestações, não teriam na substância denominada ectoplasma o veículo de expressão de dores e sintomas considerados de origem desconhecida, e muitas vezes tidos como "psicológicos".

Ademais, entendo que o tema ectoplasma lança uma ponte entre o mundo material e a espiritualidade, permitindo que se levantem questões do existir, da trajetória do espírito na existência. As perguntas: "De onde vim? Quem sou? Que faço aqui? Para onde vou?" se entremeiam com a vida e urgem abordagem ao tema ectoplasma, também chamado *fluido vital pesado*. Sua manifestação se envolve com a dor, antiga conhecida do existir, e vem trazer ao ser humano fundamentos que o movem para a dúvida quanto ao que fazer para sair da experiência do sofrer, na roda da vida em que se encontra aprisionado. É essa dúvida que gera a busca, que, por sua vez, promove os passos da experiência na direção da saúde, seja ela física ou psíquica, e é também aí que encontramos a utilidade do ectoplasma na obtenção do fenômeno da cura.

Questões aflitivas, oriundas de limitações físicas ou psicológicas, impelem-nos a procurar o fato – a verdade – que liberta. Foi nessa busca que me empenhei ao longo dos pequenos passos de médico, o que me permitiu escrever e compartilhar com os leitores esta trilha.

A todos, meu sincero desejo de que esta obra possa colaborar de alguma forma para o prosseguimento da busca.

Luciano Munari
Verão de 2008

Capítulo 1
O ectoplasma e seu histórico

O histórico do ectoplasma inicia-se com as citações do fisiologista francês Charles Richet (1850-1935), prêmio Nobel de Medicina em 1913 e criador da metapsíquica – com a qual comungavam os eminentes William Crookes e Cesare Lombroso –, que, estudando-o desde 1903, criou o termo a partir das raízes gregas *ektos* (fora) e *plasma* (formação). Segundo ele, o ectoplasma é "uma substância semelhante a uma sorte de protoplasma gelatinoso, inicialmente amorfo, que sai do médium e toma forma mais tarde". Ao realizar suas observações, Richet constatou que o ectoplasma era expelido dos médiuns pela boca, pelo nariz, pelos ouvidos, órgãos sexuais e poros, como tênues fios semelhantes ao algodão. Estudou de modo sistemático as manifestações em médiuns de ectoplasmia, principalmente em Eusápia Paladino, tendo constatado, juntamente com outros nomes de vulto, como o médico italiano Cesare Lombroso (1835-1909) – chamado pai da antropologia criminal e que gerou fortes repercussões sobre o Direito Penal –, os fenômenos de materialização.

Houve também, por parte de Richet, alusão a fraudes realizadas pela médium. Entretanto, o que ressalta das suas palavras é a veracidade da grande maioria dos fenômenos. Charles Richet é autor de um livro que se destaca na metapsíquica, intitulado *Trinta Anos de Pesquisas Psíquicas*.

Especialmente digna de menção foi a experiência de Cesare Lombroso, que presenciou o fenômeno de materialização do espírito de sua falecida mãe. A médium Eusápia Paladino lhe havia prometido uma surpresa. A mãe de Lombroso, materializada, aproximou-se e lhe disse: "Cesare, fio mio", e depois, retirando o véu por alguns instantes, deu-lhe um beijo. Posteriormente, Lombroso relata que, para atestar a impossibilidade de fraude durante a sessão mediúnica em que ocorreu a materialização do espírito de sua mãe, a médium estava com as mãos presas por duas pessoas, sendo que a estatura de Eusápia era bem mais alta do que a do espírito materializado da mãe dele.

Ficou célebre a frase de Lombroso ao dizer: "Estou muito envergonhado e desgostoso por haver combatido com tanta persistência a possibilidade dos fatos chamados espiríticos; mas os fatos existem e eu deles me orgulho de ser escravo".

Há muito que comentar sobre as pesquisas realizadas por Charles Richet, Cesare Lombroso, Gustav Geley, William Crookes (o descobridor do tálio, e na época uma das maiores autoridades científicas da Inglaterra), Enrico Morselli, Camille Flammarion, Gabriel Delanne, Enrico Imoda, Schrenck-Notzing, Ernesto Bozanno, Pierre Curie, *Sir* Oliver Lodge, Asakof, Paul Gibier, Albert De Rochas. Entretanto, não se pretende neste livro discorrer sobre as inúmeras experiências realizadas por esses vultos da ciência, pois foge ao escopo desta edição.

Cabe lembrar o nome de vários médiuns que foram objeto

de estudo dos pesquisadores citados acima: Eusápia Paladino, Florence Cook, Linda Gazzera, Eva Carrere, Franek Kluski, Kate Fox, Eglinton, Elizabeth D'Esperance, Marthe Beraud. A seguir, fotos da época retratando os fenômenos:

A médium Florence Cook e o espírito de Katie King.

Ectoplasma 19

Katie King e dr. James Gully.

William Crookes e Katie King.

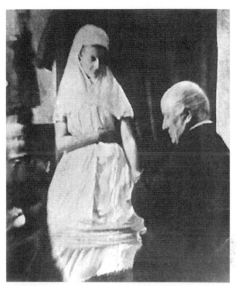

O médico James Gully verificando a pulsação do espírito de Katie King.

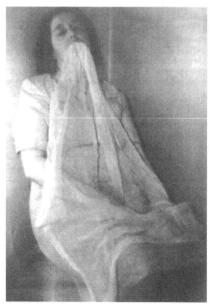

A médium Minnie Harrison.

Ectoplasma emanado pela médium Minnie Harrison, materializando uma trombeta pela qual os espíritos soam a voz.

A médium Eva C (pseudônimo de Marthe Beraud), muito pesquisada por Schrenck-Notzing, emanando ectoplasma pelo conduto auditivo.

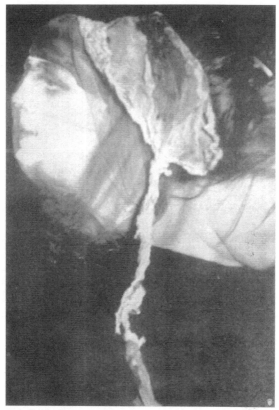

Detalhe da foto anterior.

O ectoplasma foi avaliado, na época, por vários pesquisadores, sendo que James Black pesquisou-lhe a química e chegou a desenvolver uma fórmula da sua provável composição:

$$C_{120}H_{1184}N_{218}S_5O_{249}$$

Outros pesquisadores também se destacaram, e vale citar-lhes os nomes, bem como as observações de alguns deles:

• Albert Von Schrenck-Notzing citou que "o ectoplasma é constituído por restos de tecido epitelial e gorduras".

- V. Dombrowsky verificou que "o ectoplasma é constituído de matéria albuminóide, acompanhado de gordura e de células tipicamente orgânicas, em que não foram encontrados amiláceos e açúcares".
- Júlia Alexandre Bisson
- Liebdzinski

Nos exames histológicos – a avaliação microscópica – do ectoplasma colhido foi verificado que estavam presentes as seguintes substâncias:

- Restos de tecidos epiteliais, chamando-se a atenção para o fato de que havia células sem núcleo.
- Formas bacterianas.
- Quantidade apreciável de gordura.
- Leucócitos.
- Minerais.

Uma opinião pessoal que pode ou não ser levada em conta é a de que essas substâncias poderiam contaminar o ectoplasma quando de sua saída do corpo do médium.

Enquanto isso, os exames bioquímicos da época constataram que o ectoplasma era constituído de:

- Proteínas
- Aminoácidos
- Água (em grande quantidade)
- Lipídios
- Minerais

Os pesquisadores da época concluíram, a partir de observações, que o ectoplasma é uma substância manipulada por espíritos, sendo geralmente inodora. Ele é frio e úmido, às vezes viscoso e semilíquido, raramente apresentando-se seco e duro e, quando assim, forma cordões fibrosos e nodosos, dilata-se e se expande com facilidade, podendo ser percebido pelo tato como uma teia de aranha, de modo que uma corrente de ar pode movê-lo, ou até removê-lo; é sensível à luz, vindo a se desfazer quando dela se aproxima; é capaz de interagir com a matéria de modo a produzir efeitos físicos; entretanto, pode permear e atravessar a matéria, sendo que, ao final do processo de materialização, é geralmente reabsorvido, retornando ao médium.

Capítulo 2
Os fenômenos de ectoplasmia no Brasil

No Brasil os fenômenos de materialização tornaram-se conhecidos principalmente pelos médiuns espíritas, destacando-se Carmine Mirabelli e Francisco Peixoto Lins.

O médium Carmine Mirabelli, conhecido também pelos nomes Carlo Mirabelli ou Carlos Mirabelli, nasceu em 2 de janeiro de 1889 na cidade de Botucatu, estado de São Paulo, tendo falecido em 30 de abril de 1951, em São Paulo, vítima de atropelamento. As referências acerca dos fenômenos por ele apresentados registram que ocorriam à luz do dia e não na penumbra, como acontece na maioria das vezes. Foi "estudado" por várias autoridades da época – nacionais e estrangeiras. A seu respeito, o criterioso Jorge Rizzini, no livro *Kardec, Irmãs Fox e Outros*, escreveu o seguinte:

> Foi o mais completo médium de todos os tempos, em todo o mundo. Ele foi telepata, clarividente, médium de precognição, retrocognição, médium musical (em transe tocava piano e violino, e cantava com voz de tenor, barítono e baixo, várias árias em vários idiomas),

médium pintor (deixou trezentas telas mediúnicas; cinqüenta foram expostas na Holanda pelo pesquisador holandês H. Theunisse), médium psicofônico (em transe falava vinte e seis idiomas), e psicógrafo insuperável (psicografava em vinte e oito línguas, vivas e mortas, entre as quais o russo, grego, chinês, catalão, japonês, latim, aramaico, hieróglifos, caldeu, persa, árabe etc., e, enquanto o fazia, conversava animadamente em outra língua). Possuía ainda três outras modalidades mediúnicas, nele também poderosas, na área dos fenômenos objetivos: a materialização, a desmaterialização e a levitação, fenômenos raros na bibliografia espírita mundial, metapsíquica e parapsicológica.

Seguem fotos de situações de materialização.

Materialização do espírito de Harun al-Rachid.

A foto acima foi realizada na Academia de Estudos Psíquicos Cesare Lombroso, em São Paulo, em que se vê a materialização do califa iraniano Harun al-Rachid (nascido em 766 e falecido em 809) que foi examinado por meia hora pelo médico Olegário de Moura, o qual nada constatou de anormal no ser materializado. Estava também presente o dr. Carlos Pereira de Castro. Conta-se que a materialização do califa foi de modo súbito, surgindo de pé sobre a mesa. Seu desaparecimento também se fez após ter ele subido no tampo da mesa.

O médium Mirabelli, a materialização de Giuseppe Parini e o dr. Carlos Pereira de Castro.

A foto foi tirada no dia 4 de fevereiro de 1922, na Academia de Estudos Psíquicos Cesare Lombroso, em São Paulo. A materialização do espírito do poeta Giuseppe Parini (1729–1799) ocorreu em local iluminado e devidamente fechado, sendo que, nos minutos em que acontecia, o espírito declamou poemas em italiano e apertou a mão das nove pessoas presentes (incluindo Mirabelli), cumprimentando-as, para em seguida dissolver-se lentamente numa fumaça. Tal fato foi apresentado pelo dr. Brasílio Marcondes Machado na Faculdade de Medicina do Rio de Janeiro, em 26 de dezembro de 1922, em tese intitulada

"Contribuição ao Estudo da Psiquiatria (Espiritismo e Metapsiquismo)", que acabou sendo recusada.

Em seguida, apresentamos a transcrição de artigo publicado no Jornal *O Estado de São Paulo*, de 18 de maio de 1916, descrevendo a polêmica gerada por Mirabelli:

Ultimamente os jornais tem-se ocupado muito dos fenômenos espíritas. É natural, a despeito de se tratar de coisas espantosas. Um aspecto novo parece querer obrigar a humanidade a convencer-se de sua condição frágil e da eterna verdade de que os sábios trocariam com muito prazer o que sabem por tudo aquilo que ignoram. Nem todos os enigmas da vida, é claro, conservam até o fim o seu profundo mistério. Alguns, porém, não conseguem ser explicados pelas próprias pessoas que os consubstanciam. O sr. Carlos Mirabelli, que se acha em São Paulo há algumas semanas, é objeto de estudo de alguns apaixonados das ciências ocultas.

O sr. Carlos Mirabelli é um homenzinho de barba romântica, olho aceso e face emaciada. Vimo-lo uma noite, numa residência particular no meio de um auditório cheio de silêncio e de ânsia, que aguardava o momento bendito em que iam chegar as correntes fluídicas. Quando entramos, olhou-nos e a nosso companheiro com uma expressão de enfado. Quinze minutos depois, pedia ao dono da casa que nos levasse para outra sala, visto que o nosso cepticismo estava sendo um obstáculo à manifestações dos fluidos vitaes. Saímos e fomos nos juntar a um grupo de pessoas que estavam num largo aposento, onde o médium devia exibir as forças magnéticas de que se diz dotado.

Afinal, essa noite o sr. Mirabelli não fez mais do que os que fizeram seus convidados. Às vezes levantava-se, agitava o fraque curto, enfiava os longos dedos pela farta cabeleira, olhava para nós meio que desconfiado e acabava dizendo: "A coisa não quer vir mesmo".

Não obstante o negativismo de alguns, pessoas entre as que formavam o auditório, afirmaram-nos que o médium era uma criatura excepcional tendo realizado na sua presença coisas espantosas. O fato de não poder naquela noite operar uma reprodução era comum. Quando os sentimentos de simpatia não se irmanam, os fenômenos deixam de produzir-se. Isto nos veio convencer de que todos os presentes estavam com a pulga atrás da orelha... Depois dessa noite, o sr. Mirabelli parece ter-se reabilitado perante alguns daqueles cavalheiros que tanto desejavam assistir ao desenvolvimento dessas forças ocultas. Fez ao que dizem descer vários copos que havia em cima de uma mesa, vindo os mesmos parar no assoalho com lentidão e leveza. Com um olhar, fez despencar uma ruma de papéis, mover um lápis dentro de um copo, caminhar por seus próprios pés algumas cadeiras. Isto espalhou-se logo pela cidade e, nestas três últimas semanas, as façanhas do sr. Mirabelli são a questão magna, o assunto de todas as conversações.

Todavia, nem todos acreditam nas maravilhas do sr. Mirabelli.

Vamos ver o que o homem faz diante desse desafio, que

Ectoplasma 31

chega até a formidável acusação de terem nossos colegas encontrado um dos instrumentos com que logrou ele gozar de prestígio.

Que instrumento seria esse?

(não há indicação do autor do artigo)
Arquivo de O Estado de São Paulo, 1916

O outro médium que se destacou no Brasil foi Francisco Peixoto Lins, conhecido como Peixotinho, nascido em 1° de fevereiro de 1905, em Pacatuba, no Ceará, vindo a falecer em 16 de junho de 1966, na cidade de Campos, no Rio de Janeiro. A seu respeito há um livro do ex-delegado e pesquisador espírita R. A. Ranieri, denominado *Materializações Luminosas*, no qual descreve os fenômenos que presenciou, destacando a materialização de sua filha Heleninha.

Abaixo, fotos referentes ao médium Francisco Peixoto Lins.

Há também outras materizações que ocorreram através

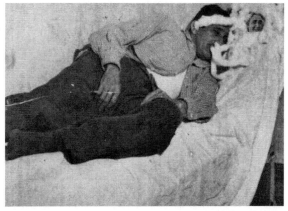

Peixotinho liberando ectoplasma quando ocorria a materialização da sra. Maria Gonçalves Duarte, falecida esposa do conferencista espírita português Isidoro Duarte Santos. Extraído do livro: *Materialização do Amor — Vida e Obra de Peixotinho*, de Humberto de Vasconcelos.

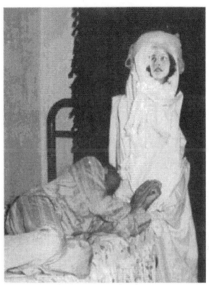

Materialização da Irmã Ana.

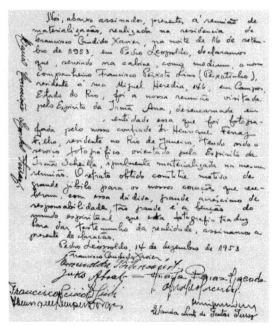

Carta contendo a assinatura dos presentes à reunião de materialização, declarando a veracidade do fato, em que consta a assinatura do médium Francisco Cândido Xavier.

Ectoplasma

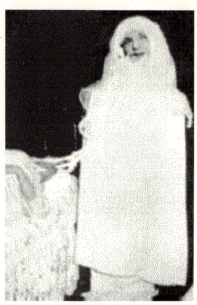

Outra materialização através de Peixotinho.

> Declaro que esta fotografia foi batida em reunião de materialização, em nossa residência em Pedro Leopoldo, Minas, pelo Sr. Henrique Lomba Penna, servindo de médium o Sr. Francisco Peixoto Lins, achando-me presente, assim como diversos companheiros que testemunharam o fenômeno e acompanharam a reunião em todas as suas fases.
> Pedro Leopoldo, 13-12-54
> Francisco Cândido Xavier

Novamente outra declaração de Chico Xavier atestando o fenômeno ocorrido através do médium Peixotinho.

34 Luciano Munari

da médium Otília Diogo, em quem surgia a irmã Josefa. Na época, essas materializações foram motivo de grande polêmica a nível nacional, em razão de uma série de reportagens publicadas na revista *O Cruzeiro*, que contestavam o fenômeno (a reportagem inicial teve por título *A farsa da materialização*). Entretanto, Luciano do Anjos e Jorge Rizzini atuaram para desmascarar a fraude realizada pelos repórteres da revista e apresentaram as defesas dos espíritas em programas de TV. Novamente, seguem-se fotografias do fenômeno ocorrido através da mediunidade da sra. Otília Diogo, que foram realizadas por Nedyr Mendes da Rocha.

No Brasil, os fenômenos de materialização acabaram por contribuir para a difusão do espiritismo, em decorrência das

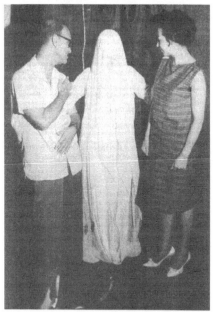

Materialização integral de Irmã Josefa, podendo notar-se sua roupagem volumosa e complicada. As pessoas presentes abraçadas são Francisco Cândido Xavier e Wanda Marlene.

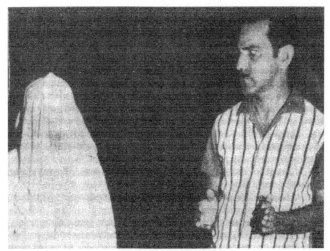

O repórter da revista *O Cruzeiro*, Mário de Moraes, ao lado da materialização de Alberto Veloso.

Fotografias da materialização de Irmã Josefa, em Uberaba. Às vezes, em uma só sessão, o rosto apresentava modificações significativas.

Irmã Josefa ao lado do repórter Jorge Audi, que se apresenta respeitoso e atento ao fenômeno.

O médico Waldo Vieira e o repórter José Franco sendo tocados por Irmã Josefa, na materialização do dia 3 de Janeiro de 1964.

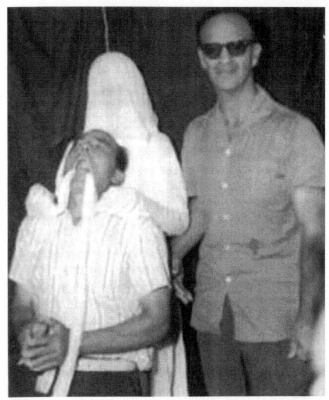

O também médium Francisco Candido Xavier ao lado do médium Antônio Alves Feitosa, durante o processo de materialização de Irmã Josefa.

polêmicas que geraram na época, motivadas pelas reportagens sucessivas da revista *O Cruzeiro*. Entretanto, não foram realizadas pesquisas em nosso país como as anteriormente relatadas no exterior, apesar da freqüência e intensidade dos fenômenos.

Capítulo 3
A visão do ectoplasma na atualidade

Por terem os fenômenos descritos apresentado repercussão histórica, o ectoplasma alcançou notoriedade. Hoje em dia, encontram-se registros de citações sobre o assunto até mesmo na *Wikipédia* (enciclopédia livre da internet). Na visão da parapsicologia é citado como:

Ectoplasma (do Grego *Ektós*: por fora + *plasma*: molde ou substância), na acepção da parapsicologia designa uma substância hipotética que seria "semimaterial" e sensível a determinados impulsos; se exteriorizaria do corpo de determinados indivíduos com características especiais, permitindo até mesmo a sua configuração em corpos distintos daquele de onde saiu.

Acepções atuais

O termo **ectoplasma**, largamente utilizado no cinema em filmes e desenhos animados em que aparecem fantasmas, ganhou certa popularidade, e teria tido acepções não necessariamente condizentes com os conceitos defendidos pelo espiritismo ou pela parapsicologia. Entretanto, é no espiritismo, consoante seu desenvolvimento ocorrido no Brasil, que o vocábulo ganhou maiores definições e, efetivamente, seria a base material para todos os fenômenos ditos mediúnicos.

Acepção espírita

O **ectoplasma** seria o plasma usado por entidades espirituais para materializar um corpo etéreo que, por sua vez, não poderia ser visualizado de maneira convencional.

Nos fenômenos mediúnicos, o ectoplasma seria moldado pelo espírito a partir do plasma existente no corpo do médium em transe.

É defendido que o ectoplasma não poderia ser observado como um fenômeno natural de forma corriqueira, já tendo, no entanto, sido alegadamente fotografado várias vezes saindo da boca e de outros orifícios do corpo de médiuns em transe. Apesar de algumas dessas fotos terem sido provadas fraudulentas, nem todas o foram.

Com o início do estudo do ectoplasma, houve a associação com o pensamento espírita, e é importante verificar as conceituações e informações que o espiritismo possui sobre o assunto em sua literatura.

Dentro do espiritismo, a palavra ectoplasma é substituída pelo termo "fluido vital", sendo, conforme a visão kardecista, uma variedade do "fluido cósmico universal", substância que, segundo *O Livro dos Espíritos*, editado em 1857 por Allan Kardec, é observada na questão 27, na qual se questiona:

27. Há então dois elementos gerais no Universo: a matéria e o espírito?

— Sim, e acima de tudo Deus, o criador, o pai de todas as coisas. Deus, espírito e matéria constituem o princípio de tudo o que existe, a trindade universal. Mas, ao elemento material se tem de juntar o fluido universal, que desempenha o papel de intermediário entre o espírito e a matéria propriamente dita, por demais grosseira para que o espírito possa exercer ação sobre ela. Embora, de certo ponto de vista, seja lícito classificá-lo como o elemento material, ele se distingue deste por propriedades especiais. Se o fluido universal fosse positivamente matéria, razão não haveria para que também o espírito não o fosse. Está colocado entre o espírito e a matéria; é fluido, como a matéria é matéria, e suscetível, pelas suas inumeráveis combinações com esta e sob a ação do espírito, de produzir a infinita variedade das coisas de que apenas conheceis uma parte mínima. Esse fluido universal, ou primitivo, ou elementar, sendo o agente de que o espírito se utiliza, é o princípio sem o qual a matéria estaria em perpétuo estado de divisão e nunca adquiriria as qualidades que a gravidade lhe dá.

E posteriormente, em outro livro de Allan Kardec, *A Gênese*, no capítulo XIV, item 3, é dito o que se segue sobre a variação do mesmo fluido cósmico universal:

No estado de eterização, o fluido universal não é uniforme; sem cessar de ser etéreo, passa por modificações tão variadas em seu gênero, e mais numerosas talvez, do que no estado de matéria tangível. Tais modificações constituem fluidos distintos que, se bem sejam procedentes do mesmo princípio, são dotados de propriedades especiais, e dão lugar aos fenômenos particulares do mundo invisível. Uma vez que tudo é relativo, esses fluidos têm para os espíritos, que em si mesmos são fluídicos, uma aparência material quanto a dos objetos tangíveis para os encarnados, e são para eles o que para nós são as substâncias do mundo terrestre; eles as elaboram, as combinam para produzir efeitos determinados como o fazem os homens com seus materiais, embora usando processos diferentes.

Há citações outras de *O Livro dos Espíritos* (questões de 61 a 67 e o comentário de Allan Kardec) que se expõem a seguir:

61. Há uma diferença entre a matéria dos corpos orgânicos e inorgânicos?
— É sempre a mesma matéria, mas nos corpos orgânicos é animalizada.
62. Qual a causa da animalização da matéria?
— Sua união com o princípio vital.
63. O princípio vital é propriedade de um agente especial ou apenas da matéria organizada; numa palavra, é um efeito ou uma causa?
— É uma e outra coisa. A vida é um efeito produzido pela ação de um agente sobre a matéria. Esse agente,

sem a matéria, não é vida, da mesma forma que a matéria não pode viver sem ele. É ele que dá vida a todos os seres, que o absorvem e assimilam.

64. Vimos que o espírito e a matéria são dois elementos constitutivos do Universo. O princípio vital formaria um terceiro?

— É um dos elementos necessários à constituição do Universo, mas tem a sua fonte nas modificações da matéria universal. É um elemento para vós, como o oxigênio e o hidrogênio, que, entretanto, não são elementos primitivos, pois todos procedem de um mesmo princípio.

64 a. Parece resultar daí que a vitalidade não tem como princípio um agente primitivo distinto, sendo antes uma propriedade especial da matéria universal, em decorrência de certas modificações desta.

— É essa a conclusão do que dissemos.

65. O princípio vital reside num dos corpos que conhecemos?

— Ele tem como fonte o fluido universal; é o que chamais fluido magnético ou fluido elétrico animalizado. É o intermediário, o liame entre o espírito e a matéria.

66. O princípio vital é o mesmo para todos os seres orgânicos?

— Sim, modificado segundo as espécies. É ele que lhes dá movimento e atividade, e os distingue da matéria inerte, pois o movimento da matéria não é a vida; ela recebe esse movimento, não o produz.

67. A vitalidade é um atributo permanente do agente

vital, ou somente se desenvolve com o funcionamento dos órgãos?

— Só se desenvolve com o corpo. Não dissemos que esse agente, sem a matéria, não é vida? É necessária a união de ambos para produzir a vida.

67 a. Podemos dizer que a vitalidade permanece quando o agente vital ainda não se uniu ao corpo?

— Sim é isso.

Comentário de Kardec:

O conjunto dos órgãos constitui uma espécie de mecanismo impulsionado pela atividade íntima ou princípio vital que neles existe. O principio vital é a força motriz dos corpos orgânicos. Ao mesmo tempo em que o agente vital impulsiona os órgãos, a ação destes entretêm e desenvolve a atividade do agente vital, mais ou menos como o atrito produz o calor.

Cada ser tem uma quantidade de fluido vital, de acordo com suas necessidades. As variações dependem de uma série de fatores.

Tecendo seus comentários pessoais, após a questão 70 de *O Livro dos Espíritos*, Allan Kardec cita que:

A quantidade de fluido vital não é a mesma em todos os seres orgânicos: varia segundo as espécies e não é constante no mesmo indivíduo nem nos vários indivíduos de uma mesma espécie. Há os que estão, por assim dizer, saturados de fluido vital, enquanto outros o possuem apenas em quantidade suficiente. É por isso que uns são mais ativos, mais enérgicos, e de certa maneira, de vida superabundante.

A quantidade de fluido vital se esgota. Pode tornar-se incapaz de entreter a vida, se não for renovada pela absorção e assimilação das substâncias que o contêm. O fluido vital se transmite de um indivíduo a outro. Aquele que o tem em maior quantidade pode dá-lo ao que tem menos, e em certos casos fazer voltar uma vida prestes a extinguir-se.

Em outro livro da codificação kardeciana, *A Gênese*, ele cita no capítulo XIV, item 16:

> A ação dos espíritos sobre os fluidos espirituais tem conseqüências de importância direta e capital para os encarnados. Desde o instante em que tais fluidos são o veículo do pensamento, que o pensamento lhes pode modificar as propriedades, é evidente que eles devem estar impregnados das qualidades boas ou más dos pensamentos que os colocam em vibração, modificados pela pureza ou impureza dos sentimentos.

Também no mesmo capítulo, no item 31, comenta que:

> Como se há visto, o fluido universal é o elemento primitivo do corpo carnal e do perispírito, os quais são

simples transformações dele. Pela identidade de sua natureza, esse fluido, condensado no perispírito, pode fornecer princípios reparadores ao corpo. O espírito encarnado ou desencarnado é o agente propulsor que infiltra num corpo deteriorado uma parte da substância de seu envoltório fluídico. A cura se opera mediante a substituição de uma molécula malsã por uma molécula sã. O poder curativo estará, pois, na razão direta da pureza da substância inoculada; mas depende da energia da vontade que, quanto maior for, tanto mais abundante emissão fluídica provocará e tanto maior a penetração dará ao fluído. Depende ainda das intenções daquele que deseje realizar a cura, seja homem ou espírito.

Diante das informações obtidas junto ao histórico declarado por pesquisadores de renome, ainda hoje lembrados por suas observações, quando se investiga o ectoplasma, focando a atenção no que se possui no momento atual, verifica-se que não existem sobre ele pesquisas recentes como as que eram realizadas em trabalhos de materialização, quando se pensava e procurava-se saber, por exemplo, sua constituição química. O que se faz hoje é limitar-se a citações de fatos ocorridos há mais de oito décadas. Portanto, questiona-se: Que há de novo em termos de ectoplasma? De que serviram as pesquisas daqueles homens de ciência para o presente que estamos vivendo?

A resposta se encontra nas pesquisas que têm sido feitas pelos homens de ciência atuais, sem menção ao nome ectoplasma. De outro modo, pode-se avaliar, mas de modo indireto, se as concepções espiritualistas a respeito do ectoplasma possuem paralelo com os fatos constatados nas décadas mais recentes.

Tal se faz pela evidenciação criteriosa dos fenômenos de cura que ocorrem pela ação da prece, também chamada "cura pela prece" ou "prece intercessória", seja também pela correlação entre saúde, medicina e espiritualidade, ou pela observação das chamadas cirurgias espirituais.

Cabe frisar que o ectoplasma, também denominado *princípio* ou *fluido vital*, tem, como foi dito antes, a função de mantenedor da vida, de dar vida à matéria inerte, e estabelecer uma ponte entre o mundo espiritual e o mundo material.

Iniciando pelas pesquisas sobre preces intercessórias, ressaltaremos, em síntese, um artigo publicado no mês de julho de 1988 em *Southern Medical Journall*, pelo cardiologista Randolph Byrd, sobre um estudo realizado junto à Unidade Coronariana do Hospital Geral de São Francisco, na Califórnia, Estados Unidos, durante um período de dez meses, abrangendo os pacientes lá internados.

Numa distribuição aleatória, feita por computador, 393 deles foram divididos em dois grupos. O primeiro, com 192 pacientes, iria "receber" prece, o outro, com 201 pacientes (chamado *controle*) não receberia a prece. Ninguém do estudo, médicos, enfermeiras ou mesmo os pacientes, sabia quem estava recebendo ou não a prece. No primeiro grupo, as pessoas que oraram (cerca de cinco a sete pessoas orando por cada paciente) receberam o primeiro nome de vários deles com a descrição da respectiva condição física, e o fizeram todos os dias ao longo de dez meses. Os resultados foram estatisticamente significativos, mostrando que o grupo que recebeu a prece necessitou de cinco vezes menos administração de antibióticos, teve três vezes menos edema pulmonar, e nenhum caso de entubação endotraqueal (no grupo *controle*, 12 pacientes necessitaram).

De maneira mais simplista: um grupo de cristãos orou pelos doentes, e as complicações médicas desses pacientes foram menores do que no outro grupo que não recebeu a prece.

Também é interessante um trabalho realizado em 1999 no Missouri, em Kansas City, na Unidade Coronariana do Instituto do Coração do Hospital Saint Luke, em que foram catalogados cerca de 990 pacientes. Novamente os pacientes foram divididos em dois grupos: um que recebia a oração e outro que não.

Houve um critério para inclusão no grupo da prece segundo o qual, independentemente da religião, as pessoas que oravam deveriam estar de acordo com os três seguintes itens:

1) Eu acredito em Deus.

2) Eu acredito que Ele se preocupa com as vidas humanas individuais.

3) Eu acredito que Ele atende às preces feitas a favor das pessoas doentes.

Em conclusão, entre os dois grupos:

1) Houve o mesmo tempo médio de hospitalização.

2) O grupo que recebeu a prece intercessória necessitou de menos intervenções cirúrgicas e os pacientes foram submetidos a menos procedimentos invasivos, destacando-se a colocação de balões intra-aórticos, para auxílio circulatório. Conforme cita a ***Revista de Psiquiatria Clínica***,[1] da Universidade de São Paulo, em seu suplemento 1, do ano de 2007, há um outro tra-

---

[1] Órgão oficial de comunicação do Departamento e Instituto de Psiquiatria da Faculdade de Medicina da USP, que também dispõe de endereço na internet: www.hcnet.usp.br/ipq/revista.

balho que "foi criteriosamente detalhado e realizado por seis meses no Centro Médico do Pacífico Califórnia, em São Francisco, em colaboração com o Instituto de Pesquisa do Câncer Geraldine Brush e a Universidade da Califórnia, também em São Francisco, para avaliar os efeitos da prece sobre 40 pacientes com AIDS em estágio avançado".

As 40 pessoas encarregadas das preces para os pacientes foram escolhidas dentre as mais variadas práticas, indo desde cristãos, judeus, budistas e curandeiros nativos americanos até graduados por escolas de bioenergética e cura pela meditação. Houve a exigência de que todas elas tivessem um mínimo de cinco anos de experiência nesse tipo de atividade, incluindo a atuação prévia em pacientes com AIDS. Os resultados obtidos demonstraram que o grupo que recebeu a prece requereu, significativamente, quando comparado aos pacientes do grupo de controle, menor número de visitas domiciliares dos médicos envolvidos no projeto, menos períodos de hospitalização, quantidade menor de dias de hospitalização, quando esta se fez necessária, menor acometimento por doenças oportunistas relacionadas à AIDS e uma menor severidade das doenças adquiridas no período, segundo os critérios estabelecidos na escala BHS (*Boston Health Study Opportunistic Disease Score*).

E conclui também, na mesma edição, que "vale ressaltar que essas experimentações foram elaboradas com base no estabelecimento de uma condição estrita, de forma a garantir que nem os pacientes nem as pessoas a quem as orações foram atribuídas soubessem, uns, qual era a sua procedência e, outros, o seu destino. Em uma revisão sistemática, realizada recentemente, em 2000, chegou-se à conclusão de que em 57%

dos estudos rigorosamente realizados houve um efeito positivo comprovado da prece nos tratamentos e que essa evidência garantiria a base para a realização de novos e mais abrangentes trabalhos".

"Torna-se claro", conclui o jornal, "que se há algo que acomete o doente que recebe a prece e o faz melhorar é porque 'algo vitalizador' o atinge por meio da vontade daqueles que por ele oraram, e esse 'algo vitalizador' é compatível com o conceito de ectoplasma".

Capítulo 4
O ectoplasma nos sintomas da medicina clássica

Minhas observações sobre ectoplasma começaram há alguns anos quando, na época em residência médica em psiquiatria, observava sintomas que nem de longe imaginava que pudessem algum dia ter um enfoque diferente.

Presenciei pacientes que apresentavam quadros do chamado *transtorno de somatização*, descrito pelas classificações psiquiátricas pelos seguintes sintomas: *globus esofageanus* ou *histericus*, que, traduzindo, nada mais é do que aquela famosa bola ou "nó" na garganta, presente também em muitas pessoas durante situações claras de grande tensão emocional.

Outro sintoma é a tontura, que muitas e muitas vezes era denominada pelos colegas médicos como labirintite, assim como a sensação do coração disparando, com ou sem aquela opressão no peito, a que muitos chamam "angústia no peito". Era comum a falta de ar súbita, com sensação de sufoco. A sensação de queimação ou ardência na região genital também pode ocorrer.

Muitas dessas pessoas também eram portadoras de dores articulares, geralmente nas articulações das mãos; às vezes confundindo-se até com a doença artrite reumatóide, com a diferença de que os resultados dos exames eram negativos e também não respondiam a medicações antiinflamatórias.

Uma boa parcela desses pacientes apresentava ainda dores generalizadas pelo corpo e uma sensação de dor quase que constante nos músculos. Parecia que possuíam uma sensação de peso acompanhando-os; geralmente acontecia nos ombros e nas panturrilhas (a chamada "batata da perna"). Também era comum que se encontrasse nessas pessoas dor de cabeça, muitas vezes com embaçamento visual, assim como náusea ou dor abdominal.

Lembro-me de um caso muito interessante, de uma senhora de 36 anos, que vou chamar de Gioconda. Era portadora de uma *síndrome da tensão pré-menstrual* (STPM) digna de fazer correr qualquer marido que não fosse masoquista. Possuía um histórico muito interessante no qual, já havia anos, apresentava queixa de ardência ao urinar. Passara por vários médicos urologistas, e mesmo ginecologistas; em nenhum exame de urina fora constatada infecção, tanto na chamada cultura de urina, para verificar se havia germes que poderiam crescer, como também não se constatavam sinais infecciosos no exame microscópico.

Gioconda passou por um colega médico que lhe diagnosticou "estenose" de uretra, que significa um estreitamento do canal urinário que conduz a urina da bexiga para o exterior. O quadro chamou-me muito a atenção porque a paciente foi submetida, por oito vezes, a sessões de dilatação da uretra. No entanto, para que esse estreitamento acontecesse, era necessário que houvesse um processo inflamatório que deixasse cicatriz.

Uma causa muito comum de ocorrências como essa seria a doença sexualmente transmissível conhecida por gonorréia. Mas Gioconda não possuía sequer antecedentes de "pular o muro", assim como seu marido, pois era idoso e já não se relacionavam fazia tempo. Como esta, outras hipóteses também foram descartadas, por serem incabíveis, visto que não possuía queixas ou outros sinais antecedentes que originassem a estenose. Mesmo após as dilatações uretrais, mantinha a queixa de ardência ao urinar. Suas queixas não apresentavam uma base fisiológica conhecida.

A paciente também se queixava de uma tontura que muito a "atacava". Havia um mês, estivera internada por cerca de dez dias para tratamento de um quadro de "labirintite" – conforme mencionava – e que não respondia a medicação alguma. Saiu em uso de um medicamento chamado *clonazepan*, o qual não é mais do que um ansiolítico (vulgo: "calmante") de forte potência, mas que melhorou os sintomas que lhe assombravam a saúde.

Quando me procurou, na qualidade de médico residente em psiquiatria, apresentava-se chorosa e desanimada. Seu humor oscilava: ora estava bem, momentos após caía em prantos; a tristeza e o pessimismo invadiam-lhe o coração e espalhavam-se na sua alma; não possuía controle de suas emoções. Sentia-se mal quando apareciam amigas que lhe contavam fatos desagradáveis; às vezes, tinha até a sensação de que o corpo fora surrado. Sentia falta de ar, coração disparando no peito, nó na garganta, dores articulares e crises de enxaqueca que lhe atormentavam o trabalho. Dizia que era mais fácil perguntar-lhe onde o corpo não doía. Tinha a sensação de corpo inchado. O estômago era-lhe nauseoso pela manhã. Às vezes, tinha dores que a obrigavam a ir ao pronto-socorro, mas quando investigada pelos raios X ou endoscopia de estômago, nada era verificado. Sofria de "constipação intestinal" (o popular "intestino preso"), não raro demorando até cinco ou mesmo sete dias para poder evacuar à custa de laxantes ou mesmo de lavagens intestinais.

Na época, eu ainda era um residente em psiquiatria e o quadro ficou marcado em minha mente. Tinha em mãos um caso "modelo", uma vez que muitas pessoas apresentavam esses mesmos sintomas, porém com intensidade e freqüência variadas.

As melhoras que Gioconda apresentava em relação ao tratamento das alterações nervosas, com os psicotrópicos que lhe prescrevi, pareciam não se refletir totalmente nos sintomas físicos que apresentava. Era uma luta para tentar descobrir o que fazer – o psiquismo estava de fato mais serenado. Entretanto, uma gama de sintomas, como a sensação de inchaço pelo corpo, uma certa indisposição corporal, à qual se dá o nome de lassidão, existia e persistia; parecia que a cabeça aumentara de tamanho e apresentava uma sensação de balanço; além disso, ocorriam-lhe náuseas no período matinal.

Essa foi a situação clínica que me despertou para que estudasse melhor tal diagnóstico. Pude observar, pela experiência repetida com pacientes, que muitas pessoas possuíam essa variedade de sintomas. Todas pareciam apresentar um "quê" de medo de enfrentar a vida: demonstravam ser pessoas que não se decidiam por seguir um rumo no viver; tinham certa tendência a começar cursos ou projetos de vida e não terminar. Logicamente, a vida parecia-lhes algo frustrante; perdiam o prazer no que realizavam, embora se queixassem de uma sensação de que lhes faltava algo que, como costumo dizer, "é um não sei quê que está não sei onde, mas incomoda e deixa uma gastura na mente"; era como um "vazio existencial" a lhes atormentar a paz diária.

Esses sintomas se revelavam muito mais nos fins de semana, quando se ausentavam do trabalho e se viam assombradas pelo fantasma de suas próprias mentes, a pensar na vida, nos problemas e na incerteza do futuro.

No curso do tratamento médico, uma parcela significativa dessas pessoas desistia. Quando voltavam ao tratamento, traziam os mesmos sintomas, só que agora de modo mais intenso e freqüentemente acrescidos de sintomas depressivos; desvalorizavam-se e possuíam uma queixa acirrada contra os próprios erros. Passavam a se queixar demais da vida e dos outros. A frase "nada tá bom" era uma característica desses pacientes.

Na época, tudo se limitava a uma descrição sintomática, pois eu sequer suspeitava da influência do ectoplasma.

Capítulo 5
Ectoplasma e a suspeita de "algo mais"

Alguns anos mais tarde, fui abandonando a postura fria de psiquiatra ortodoxo e, conforme fui me colocando mais humanamente, os pacientes também puderam sentir-se mais à vontade e expressar-se mais e melhor.

Com o tempo, foram surgindo pacientes com sintomas de *transtorno de somatização* muito semelhantes aos da senhora Gioconda. Entretanto, agora os pacientes inquiriam muito sobre o que significava o fato de imaginarem (ou mesmo perceberem) que às vezes vultos passavam por perto, assim como lhes parecia que os chamavam pelo nome. Por vezes, referiam-se a alguém chegando em casa. Impressionava, pois ouviam até o barulho do portão abrindo, e quando iam verificar... nada. Não havia ninguém. Os fatos ficavam como se os houvessem imaginado.

Por vezes, alguns relatavam que tinham a nítida impressão de que havia alguém a observá-los, até mesmo atrás deles... E quando se viravam... também não viam nada. Procuravam justificativas, dizendo consigo mesmos que a imaginação era terreno fértil.

O tempo passou e acabei realizando o curso de terapia de vida passada, da Sociedade Brasileira de Terapia de Vida Passada. Foi onde inicialmente ouvi falar, em meio terapêutico, sobre a influência de desafetos de antigas encarnações atuando negativamente em vida atual – as chamadas "presenças" do passado. Também foi nas aulas da Sociedade que ouvi falar sobre o ectoplasma ser manipulado por "presenças" do passado, levando à ocorrência de sintomas.

O que seria esse tal de ectoplasma? Uma substância semimaterial/semi-espiritual que, portanto, permeia tanto o mundo material como o mundo espiritual; faz a "ponte" entre os dois mundos. É ele que permite a atuação dos espíritos sobre o mundo físico. Ele é a substância de que eles – os espíritos – se utilizam para impressionar o mundo físico e causar, por exemplo, os fenômenos de *poltergeist,* ou de materialização.

Curiosamente, as pessoas que possuíam ectoplasma em

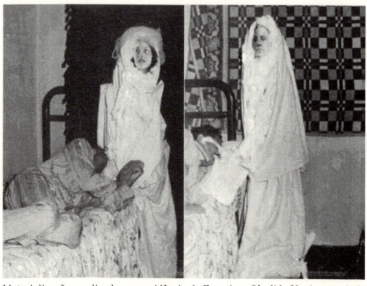

Materializações realizadas na residência de Francisco Cândido Xavier, servindo de médium o sr. Francisco Peixoto Lins. Cortesia de Chico Xavier (extraído da *Enciclopédia de Parapsicologia, Metapsíquica e Espiritismo*, de João Teixeira de Paula, editado pela Cultural Brasil Editora).

excesso eram as que apresentavam os sintomas típicos do *transtorno de somatização*. Lembrei-me de Gioconda e de seus sintomas.

Paralelamente, nessa época, tive maior proximidade com Manoel Saad, médium e espírita muito conhecido na cidade de Marília, em São Paulo, pessoa de boníssimo coração que realizava as chamadas consultas espirituais, sem qualquer vínculo financeiro. Apresentava precisão nas descrições que fazia do problema dos consulentes. Sempre revelava fatores pessoais íntimos que há muito perturbavam a estabilidade emocional dessas pessoas. Apresentava orientações surpreendentes pela leveza e doçura com que abordava os problemas que afligiam a cada um.

Convivi algum tempo com Saad quando trabalhei no Hospital Espírita de Marília, do qual ele era diretor. Nesse momento, pude ter um maior intercâmbio de idéias sobre mediunidade e influências espirituais como causas de sintomas físicos e psíquicos, e foi então que as suspeitas do espiritual atuando no complexo bio-psico-social começaram a despertar.

Como havia realizado o curso de terapia de vida passada pela Sociedade Brasileira de Terapia de Vida Passada (onde a técnica empregada permite a ocorrência de percepções espirituais do paciente durante a sessão regressiva), ao utilizar a técnica nos pacientes observei que uma gama enorme de sintomas físicos era decorrente da ação espiritual sobre o corpo físico. Eram os mais variados sintomas: dores nas diversas partes do corpo, falta de ar, palpitações, ou mesmo sintomas que eu associava a uma doença orgânica, como por exemplo as dores articulares da já citada artrite reumatóide.

Uma das dores mais clássicas era a dor de cabeça de uma

enxaqueca, ou mesmo as dores abdominais de uma úlcera duodenal. Elas apresentavam uma melhora significativa, senão cura, quando os pacientes passavam pelo processo e, fazendo a vontade prevalecer, abraçavam o tratamento oferecido, dedicando-se à sua execução fora do consultório.

Diante dessas observações, o questionamento de como se processa a ligação entre o espiritual, as emoções e o físico passou a ser uma busca. A resposta estava na reflexão sobre o livro do professor Matthieu Tubino, intitulado *Um Fluido Vital Chamado Ectoplasma*, e na observação da prática clínica.

Observei que muitas pacientes com *síndrome da tensão pré-menstrual* (STPM) apresentavam os sintomas do *transtorno de somatização*. Lembrei-me, então, que esses sintomas equivaliam aos sintomas de excesso de ectoplasma relatados pelo professor. Eles eram mais freqüentes nas pessoas que ingeriam maior quantidade de carboidratos, o que ficava bem nítido em algumas dessas mulheres com STPM, pois tinham verdadeira compulsão por comer nesse período. Tais ataques de gula geralmente eram noturnos e principalmente nas pessoas de pele clara (muitas com aspecto marmóreo, e mais raro nas mulheres de pele morena).

Na época, pensei então na chamada *síndrome da fome oculta*, em que o organismo, embora "alimentado", não se apresentava, porém, nutrido. Aí é que haveria o ataque de comer, pois faltavam ao corpo os chamados micronutrientes, como sais minerais e vitaminas, além de outros. Contudo, associando a compulsão de ingerir carboidratos com a *síndrome da tensão pré-menstrual*, foi possível observar que as mulheres que assim procediam apresentavam mais queixas, tanto em intensidade como variedade. Nessa altura, eu já começava a dar ao conjunto de sinais e sintomas descritos a denominação de *síndrome ectoplasmática*, a qual englobaria a *síndrome da tensão pré-menstrual*.

Parecia que, com a ingestão dos carboidratos, havia um aumento da produção de ectoplasma. Então, procurei observar melhor a alimentação dos meus pacientes. A alimentação baseada no artificialismo – refrigerantes e sucos em pó, ou alimentos industrializados, como enlatados de ervilha, feijão e milho, ou outros; ou ainda aqueles que passaram pelo processo de "beneficiamento", como o arroz, ou de refinamento, como no caso do açúcar refinado ou da farinha de trigo refinada – propiciava uma constatação maior de sintomas exacerbados pelo excesso do ectoplasma. Poderiam ocorrer apenas com a ingestão de um inocente lanche com refrigerante.

Os carnívoros também produzem maior quantidade de ectoplasma. É comum que, após uma farta visita à churrascaria, haja queixas de vários sintomas.

Minha atenção, nesse momento, dirigiu-se para os livros de medicina ortomolecular, que, em sua grande maioria, citam a deficiência de vitaminas do complexo B na população que se alimenta de produtos artificiais ou industrializados. De alguma forma, a produção excessiva de ectoplasma poderia estar associada à deficiência de vitaminas dessa classe.

Nesse ínterim, comecei a prescrever vitaminas do complexo B em pequenas doses para pacientes que possuíam a *síndrome ectoplasmática*. Acabei por ver melhoras, mas com resultados discretos. Posteriormente, verificando as doses limites de cada uma, acabei por utilizar megadoses e constatei que muitos sintomas chegavam a diminuir até pela metade, ou mais, assim como uma parcela significativa dos comedores compulsivos noturnos – cerca de 50% – diminuíam a quantidade de alimento ingerido.

Ainda assim, ficava a questão: por qual razão ainda havia pessoas que, mesmo diante de megadoses de vitaminas, não apresentavam um resultado satisfatório? Que fatores outros estariam envolvidos na formação da quantidade maior dessa substância?

Minha atenção voltou-se para a observação de que muitos pacientes com quadro depressivo apresentavam a *síndrome ectoplasmática*. Lembrei-me de que durante o curso de que participei de medicina antroposófica (pela "antiga" Associação Brasileira de Medicina Antroposófica) era apregoado que na depressão era necessário que se "tratasse" o fígado, pois este estava com suas funções enfraquecidas. A medicina chinesa também recomenda, nos casos de depressão, a tonificação do fígado.

O órgão-chave do ectoplasma talvez fosse o fígado. Ele é o grande órgão de oxidação existente no corpo, o grande laboratório de síntese protéica (albumina), lipídica (é o responsável pela produção de cerca de 70% do colesterol circulante no sangue), e de metabolização e desintoxicação de substâncias como, por exemplo, os medicamentos. Segundo a medicina antroposófica, a água é o veículo portador de fluidos etéricos que vitalizam o corpo, e o organizador do metabolismo da água é o fígado. Talvez a água tivesse alguma correlação com o ectoplasma.

Um dado curioso é que muitos pacientes depressivos têm uma ingestão de água reduzida (portanto, teriam menos água carreando os fluídos etéricos renovadores da vitalidade orgânica), assim como também é freqüente encontrar pacientes pós-quadro de hepatite com sintomas depressivos. Evidências "empurravam" para se pensar no fígado. Decidi, então, baseado no pensamento de que há um fígado "preguiçoso" nos portadores da *síndrome ectoplasmática*, utilizar medicamentos que pudessem estimular suas funções, quer fossem da antroposofia ou da halopatia. Utilizei medicamentos chamados de coleréticos e colagogos (eles estimulam a produção da bile pelo fígado, assim como sua secreção pela vesícula biliar – que é onde fica armazenada – para o duodeno), e observei uma diminuição nas queixas sintomáticas: o paciente sentia-se "mais leve". Estavam, então, formadas associações entre *síndrome ectoplasmática, transtorno de somatização, depressão, síndrome da tensão pré-menstrual* e *insuficiência funcional hepática.*

Capítulo 6
A síndrome ectoplasmática no cotidiano

Dificilmente algum de nós não teve algum sintoma da *síndrome ectoplasmática*. Esses sintomas parecem estar no tipo de ectoplasma que é formado pelo organismo e no seu local de preferência para se depositar.

Observei, até o momento, que há quatro localizações preferenciais do ectoplasma. Primeiramente, há um tipo de ectoplasma que parece localizar-se na região do abdome, ao qual chamarei *subtipo gastrintestinal*. Este costuma causar uma impressão de abdome distendido. É freqüente pessoas assim terem um estômago sensível à variação alimentar; por vezes, temperos alimentares, ou enlatados, causam extremo desconforto no andamento da digestão, e a sensação de plenitude pós-alimentar perdura por horas. É comumente associado a náuseas matinais, não raro gerando dores de fortíssima intensidade. Mas, realizadas as devidas investigações médicas, nada mais se encontra a não ser, por exemplo, uma discreta gastrite, ou uma pequeníssima hérnia de hiato. É fato que são pessoas irritadas, que se guardam de falar sobre o motivo que as incomoda naquela fase da vida.

Merece registro um comentário sobre os gases intestinais. Um fato interessante é que, para a maioria das pessoas, a maior produção de gases intestinais pode levar ao aumento da quantidade de ectoplasma. Penso que esses gases, produzidos por bactérias anaeróbias (bactérias que não necessitam do oxigênio do ar para seu metabolismo), estariam, por difusão, sendo absorvidos pela parede intestinal, assimilados pelo sangue e levados pela veia porta[1] ao fígado, o que poderia estimular a maior produção de ectoplasma.

O mais comum é encontrar grande produção de ectoplasma nos constipados. Entretanto, a produção dos gases intestinais pode estar aumentada mesmo naqueles que possuem hábito intestinal diário (até naqueles com duas ou mesmo quatro evacuações ao dia) e com pouca produção de gases. Há uma tendência à tontura e vertigem naqueles que são maiores produtores de gases intestinais e têm hábito intestinal normal. Podem ocorrer distensões abdominais quase súbitas, como "da noite para o dia", estando ou não associadas à maior formação dos gases intestinais.

Denominei o próximo subtipo de *subtipo sural*, pois o depósito do ectoplasma ocorre mais na região sural, que nada mais é senão a região das panturrilhas, ou, ainda mais popularmente, as "batatas das pernas". Costuma causar uma sensação de peso acentuado nas pernas, como se houvesse chumbo envolvendo e apertando as "batatas", ou, por vezes, como se fosse uma sensação de inchaço. É extremamente incômodo: sente-se o andar pesado, desconfortável e dolorido. Muitas pessoas pensam que a dor é devida a "varizes internas". Guarda alguma correlação com o *subtipo gastrintestinal*, pois é visto

---

[1] Veia que recolhe quase todo o sangue do abdome e o conduz até o fígado.

nas pessoas que produzem maior quantidade de gases.

Outro é o *subtipo torácico*. Nele, a expressão do ectoplasma ocorre como se fosse "algo" que sobe, como uma onda que se origina na região entre o abdome e o tórax e segue ascendente para a cabeça; contudo, localiza-se em nível cardíaco, levando a uma dor opressiva, constritiva, e às vezes até com caráter "esmagante". É comum levar a uma falta de ar nesse momento. Por vezes, a palpitação surge antes da falta de ar, ou posteriormente. É comum que se chame tal descrição de "angústia no peito", predispondo à asma e à bronquite.

Há pessoas nas quais ocorre a sensação do peito inchado, como se estivessem além do limite da caixa torácica. Algumas têm a sensação de falta de ar como o mais incomodativo, podendo geralmente estar associada a palpitações e/ou opressão torácica. Nesse subtipo é que freqüentemente se encontra o chamado "nó na garganta" – a bola que sobe e desce, ou mesmo fica estagnada –, que por vezes apresenta-se como um pigarro incômodo ou mesmo uma sensação de espinha de peixe entalada na garganta.

Para finalizar, vem o *subtipo craniano*. Nele, encontram-se expressões alérgicas no revestimento nasal e oral e na trompa de Eustáquio (o canal que comunica a garganta com o ouvido médio) e no ouvido médio. Facilita os fenômenos das rinites, sinusites, otites e laringites e também a alergia do conduto auditivo externo.

É muito comum pacientes queixarem-se da sensação de água dentro do ouvido (o que não se constata por uma otoscopia, pela qual se pode observar o conduto auditivo externo e também verificar se há ou não secreção mais líquida ou serosa no ouvido médio). Algumas vezes, sentem como que uma gota ou água escorrendo pelo ouvido, e, quando passam a mão para enxugar, nada percebem. Outras vezes, a sensação é de que a "gota", ao invés de escorrer para baixo, como determina a lei da gravidade, escorre para cima. Há também manifestações não tão superficiais, como a atuação no ouvido interno, seja no labirinto ou nos canais semicirculares, podendo levar à tontura (deve-se lembrar que nem toda tontura, mesmo que acentuada, é labirintite) ou ao zumbido no ouvido.

Um dado interessante, como já mencionei anteriormente, é que percebi que muitas pessoas que possuíam as queixas de tontura e de zumbido no ouvido também se queixavam de gases intestinais em maior quantidade, e que, quando os gases diminuíam, e conseqüentemente o ectoplasma, ocorria um abrandamento da intensidade da tontura e do zumbido, ou mesmo raras vezes acabavam por cessar.

As dores de cabeça são de expressões variadas, podendo ser de fraca intensidade e difusas, geralmente com impressões de estar com a "cabeça aérea" e aumentada, tendo um certo aperto em faixa na lateral do crânio, indo até a dores de forte intensidade, de um só lado, e que recebem o nome de enxaqueca (ou, conforme denominação mais recente, "migrânia").

Na enxaqueca, é comum que ocorram náuseas precedendo o episódio de dor craniana. Deve-se lembrar que o ectoplasma é produzido em sua maioria pelo fígado. É como se fosse o deslocamento deste para a cavidade do estômago. Logo após, pode ocorrer uma sensação fugaz de onda que leva a uma opressão torácica, com ou sem palpitações. Em seguida, sente-se subir algo pelo pescoço, podendo dar a impressão de sufoco. Então, começa uma sucessão mais rápida de sintomas: a tontura, com ou sem zumbido, a sensação de mente confusa, e por fim a dor. É a subida do ectoplasma em direção à cabeça, e a sua concentração vigorosa no pólo cefálico, que ocasiona a dor.

Há em nós um corpo espiritual que sobrevive à morte do corpo físico, e é nele que ficam registradas nossas vidas passadas. Como tivemos várias existências, e nelas podemos ter apresentado lesões físicas (por exemplo, a enxaqueca ou um traumatismo craniano), estas ficam registradas no corpo espiritual. É o que chamamos de "cicatrizes do corpo espiritual".

O ectoplasma concentra-se nessas chamadas cicatrizes, visto que permeia também o mundo espiritual. Ele retransmite as lesões para o corpo físico pelos mecanismos biológicos que liberam formação de substâncias "causadoras" da dor, em processo já descrito pela medicina clássica. Por fim, o ectoplasma faz a ligação do corpo espiritual com o corpo físico, e neste último reativa-se a dor do traumatismo de uma existência pretérita.

Há também uma outra classificação baseada na maior ou menor afinidade do ectoplasma, por áreas de maior ou menor densidade orgânica, como a seguir:

a. Densidade aérea: como nos pulmões, levando a uma sensação de falta de ar e/ou de nó ou bola na garganta, dando a impressão de asfixia.

b. Densidade líquida: deposita-se no líquido sinovial (líquido entre as articulações), levando a dores articulares ou próximo a estas, mas sem sinais inflamatórios, causando a chamada fibromialgia, já bem conhecida dos reumatologistas. Pode também ser depositado no sangue, acometendo órgãos mais sensíveis, como o labirinto.

c. Densidade muscular/parenquimatosa: como na deposição nas "batatas da perna".

d. Densidade óssea: mais rara, ocasionando as chamadas dores do crescimento nas crianças, ou as dores de friagem nos idosos.

É possível fazer uma associação entre o ectoplasma e os chamados tipos de temperamento. Antes, contudo, faz-se necessário conhecer a definição de cada tipo, como vemos a seguir:

a. Colérico: são pessoas de comportamento enérgico. Têm decisão e intensidade no que realizam, não raro até com certa agressividade. Por vezes, o "sangue lhes sobe à cabeça", chegando até à fúria. Têm como órgão-chave o coração, e como elemento o fogo.

b. Sanguíneo: geralmente é o que chamamos de pessoa alegre. São aquelas que não conseguem ater-se a um determinado fim, distraindo-se facilmente com novos estímulos ambientais. São pessoas divertidas. Seus órgãos-chave são os rins e o elemento é o ar.

c. Melancólico: são aqueles que passam um ar tristonho; possuem um olhar algo escondido nas pálpebras, mais ou menos fechadas – um olhar cansado. Têm tendência a revolver o passado; por isso parecem sempre preocupados, podendo tornar-se negativistas. Órgão-chave: o fígado; elemento, a água.

d. Fleumático: passam a impressão de ser lentificadas; possuem forma facial arrendondada, muitas vezes com "duplo queixo"; são também de olhar alegre e simpático. São pessoas que apreciam o bom paladar e desfrutam com enorme satisfação da alimentação. Destacam-se pela preferência pelo comer e o beber. Seus órgãos-chave são os pulmões, enquanto o elemento é a terra.

Considerando as características acima, podemos correlacionar os subtipos de ectoplasma com os tipos de temperamento, como segue no esquema abaixo:

Subtipo de ectoplasma	Tipo de temperamento	Elemento	Órgão-chave	Densidade do ectoplasma
Craniano	Colérico	Fogo	Coração	Aérea
Torácico	Sanguíneo	Ar	Rins	Líquida
Gastrintestinal	Melancólico	Água	Fígado	Muscular
Sural	Fleumático	Terra	Pulmões	Óssea

Cabe lembrar que os elementos e os órgãos-chave não guardam correlação com a fisiologia ortodoxa.

Observa-se que o indivíduo cujo ectoplasma é de *subtipo craniano* pode sentir ondas de calor e ter sintomas cardíacos, tais como palpitações, dor torácica ou precordial, e mesmo arritmias cardíacas, quando seu temperamento colérico se apresentar. Secundariamente a esses sintomas, há os sintomas de ectoplasma de densidade aérea: sensação de falta de ar ou de nó ou bola na garganta dificultando a respiração.

O *subtipo torácico*, quando com suas características muito exacerbadas do temperamento sanguíneo (inquietação, distração acentuada, falta de perseverança), pode apresentar falta de ar e, futuramente, ter tendência a problemas renais, como infecção urinária, cálculos renais ou hipertensão arterial de origem reno-vascular. Como "pano de fundo", costuma apresentar sintomas de dores articulares e tontura.

No *subtipo gastrintestinal*, quando o temperamento melancólico se exacerba e aparece o negativismo, com as queixas variadas e a insatisfação, é comum que se observe a água extravasando pelo organismo: o "inchaço" (tecnicamente chamado de edema) que pode ser localizado em mãos, pés, pálpebras, ou mesmo generalizado. É "inchaço" no qual, quando investigado por meio de exames laboratoriais, não se encontram alterações que o justifiquem. Nessa situação, tenho observado com freqüência a digestão difícil, demorada, principalmente com ocorrência de maior formação de gases intestinais, a tendência a dores musculares e a sensação de "inchaço corporal".

No *subtipo sural* há uma tendência, quando o temperamento fleumático se destaca pela refeição copiosa, em ter-se a sensação de estar atado à terra, o andar é letárgico, tem-se a impressão de que se caminha não com pernas, mas com raízes que se desprendem do chão. Há tendência a transtornos pulmonares. É comum pessoas assim terem apresentado na infância as "dores ósseas do crescimento"; nos adultos ou nos idosos, ocorrem as dores de friagem.

Devo chamar a atenção para o fato de que a maioria das pessoas tende a possuir um subtipo de ectoplasma em maior quantidade, assim como um tipo de temperamento predominante (o que não impede a pessoa de ter traços de outro temperamento). Há de fato uma tendência a associar-se o subtipo de ectoplasma com esse ou aquele temperamento. Contudo, observei que, não necessariamente, o subtipo gastrintestinal será de pessoa com o temperamento melancólico.

Nessas classificações de ectoplasma, as tendências de associação dos tipos são valiosas, embora não devam ser tomadas como regra absoluta.

Capítulo 7
Fatores que interagem para formação de sintomas

Entendo que a concentração de ectoplasma em determinado órgão, ou área do organismo, deve-se a uma convergência dos seguintes fatores:

a. Ingestão de alimentos com maior quantidade de ectoplasma.

b. Tipo de alimentação que produziria maior ou menor quantidade de ectoplasma.

c. "Leveza/peso" do ectoplasma.

d. Sua afinidade por locais de maior ou menor densidade.

e. Cicatrizes espirituais.

f. Atuação de "presenças" espirituais manipulando o ectoplasma para concentrá-lo em determinada cicatriz espiritual.

A somatória dos fatores acima relatados constitui, por assim dizer, a ingestão e a produção, a quantidade e a qualidade do ectoplasma. Em síntese, o ectoplasma é a matéria-prima, enquanto as "presenças" são a "mão-de-obra" a trabalhar para a construção do sintoma num ambiente propício — a cicatriz espiritual.

É curioso notar que, conforme as inúmeras vezes que ouvi o relato de pacientes a queixar-se de angústia no peito ou de dor de cabeça, constatei que na grande maioria dos casos o fator desencadeante estava na própria pessoa, pelo desequilíbrio da forma de pensar e sentir. Para que se compreenda isso, é necessário que alguns princípios básicos de mediunidade sejam entendidos.

Ao falar de mediunidade, costumamos dizer que se trata de um aparelho eletrônico de carne, composto de células cerebrais, neurônios, e semelhante a um aparelho de televisão que recebe ondas eletromagnéticas, as quais, amplificadas e decodificadas, apresentam-se na tela como imagens e cores. Assim como os sinais referentes ao som são direcionados para o alto-falante, a mediunidade também recebe ondas provindas da dimensão espiritual, trazendo, além de imagens, cores e sons, impressões outras, como odores, sabores, sensações, sentimentos, emoções e pensamentos direcionados para regiões específicas do cérebro.

Em um aparelho de televisão, o funcionamento e a recepção de sinais devem-se a freqüências semelhantes, que geram uma sintonia. A mediunidade funciona do mesmo modo. A sintonia também se deve a uma mesma freqüência no modo de pensar e sentir e que se assemelha ao das "presenças" (que cobram do desafeto encarnado a ação errônea por ele cometida).

O encarnado foi o agressor (algoz); a "presença" foi o lesado. O lesado é a ex-vítima invisível que "guardou mágoa" pela ofensa, sente raiva e procura fazer um "acerto de contas"; isso é possível se o algoz, em vida atual, mantém as mesmas características de vida passada, embora abrandadas pelo tempo.

Se apesar de não sermos mais os mesmos feitores de escravos ou senhores de engenho do passado, ainda tivermos em nosso caráter de personalidade atual traços de raiva quando somos contrariados, invariavelmente entramos em sintonia com a "presença", que também guarda por nós o mesmo sentimento de raiva. Enfim, tudo isso nada mais é senão o "diga-me com quem andas e te direi quem és".

Baseados nesses princípios, podemos observar que, para que os sintomas surjam com intensidade, é necessário que haja uma raiva, seja ela explícita ou não. Entendo por raiva não explícita palavras e frases como: "tô sentido", "magoei", "raiva eu não tive, só fiquei nervoso", "guardei sentimento", "fiquei aborrecido", ou mesmo, mais melindrosamente, "fiquei triste", "irritado", e ainda o comportamento "emburrado". Estas são expressões de como omitimos para nós mesmos criações não belas que se depositam no coração, e, portanto, usamos a ilusão para "tapar o sol com a peneira", a fim de parecermos melhores do que realmente somos. Por pensarmos dessa forma, deixamos de ver que só conseguimos dominar nossas emoções quando nos tornamos cientes da totalidade dos sentimentos que nos envolvem. Ninguém domina um inimigo que existe dentro de si se não souber o tamanho e a localização dele.

É dentro desse princípio de "inverdade" que permitimos a aproximação e a manipulação do nosso ectoplasma pela "presença", que, observando onde estão as cicatrizes espirituais, irá jogá-lo onde pode nos causar desconforto.

Asegurir um gráfico que exemplifica o que foi dito.

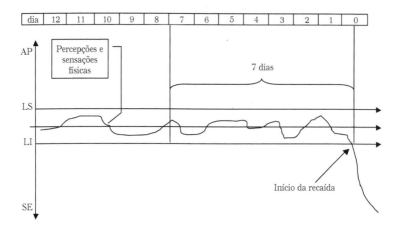

AP - Ausência de percepção corporal
LS - Limite superior
LM - Linha média
LI - Limite inferior
SE - Sintomas ectoplasmáticos

O gráfico acima representa o cotidiano de uma pessoa em relação às sensações físicas. Todos nós temos uma determinada quantidade de dor, maior ou menor, mas dentro de um limite aceitável, considerado normal, e que segue mais ou menos paralelo a uma linha média de percepções corporais. Para cima, no gráfico, teríamos a progressão para a ausência de dor, enquanto para baixo teríamos o surgimento de percepções dolorosas, oriundas dos sintomas ectoplasmáticos.

Temos o correr dos dias representado acima do gráfico, sendo que os dias são contados do presente para o passado, a partir do momento (considerado o dia zero) em que há uma queda para além do limite inferior de normalidade das sensações físicas. Isso é importante porque, para identificar a causa que fez com que houvesse sintomas ectoplasmáticos além da faixa de normalidade, devemos retroceder até cerca de sete dias. É nesse período que se encontra a causa, ou seja, uma contrariedade que passamos no nosso dia-a-dia, conforme já mencionamos acima. Devo ressaltar que tenho percebido que, cerca de 70 a 80% das vezes, o motivo que desencadeou a sintomatologia está no segundo e terceiro dia que antecede a crise.

Por exemplo, se uma pessoa numa quinta-feira começa a ter sintomas de palpitações, falta de ar, dores articulares, formigamentos pelo corpo e embaçamento visual, deve-se procurar a causa sete dias para trás, ou seja, a partir de quarta-feira da semana anterior. Sendo que há cerca de 70 a 80% de probabilidade de que a causa (contrariedade) se encontre na terça-feira ou na segunda-feira. Não é necessário mais do que alguns minutos de raiva, mesmo que consideremos tê-la por um "motivo justo", para que venhamos a desenvolver posteriormente os sintomas. Ao identificar a causa e assumir uma postura mental diferente perante o fato que motivou a contrariedade, já se obtém uma melhora quase imediata dos sintomas.

Capítulo 8
A "insuficiência funcional" hepática

Como já mencionado anteriormente, o fígado parece ser o grande produtor de ectoplasma. Não que as outras células do organismo não o produzam, mas parece que o fígado é sua grande usina de fabricação.

Acompanhemos o trajeto de produção: os alimentos, originados dos diversos reinos da natureza (mineral, vegetal ou animal), são portadores de qualidades diferentes de ectoplasma. O ectoplasma dessas diversas origens só passa a ser aproveitado no reino "hominal" quando é "humanizado", ou melhor, transformado por algum órgão do corpo, a fim de que seja utilizado pelos espíritos, como por exemplo em um fenômeno de *poltergeist* (materialização), que não se realiza se não houver um "doador", também chamado epicentro. Portanto, para que fenômenos como este ocorram, é necessário que haja no ser humano um tipo mais "refinado" de ectoplasma do que o encontrado de forma bruta nos alimentos, ou na natureza.

Uma vez que o alimento foi ingerido, encontrando-se no tubo gastrintestinal, sofrerá a ação dos sucos gástrico, pancreático e bile, trasnsformando-se em açúcares, lipídeos e aminoácidos. Esses nutrientes físicos, bem como o ectoplasma que "acompanha" as suas moléculas, serão conduzidos pelo sangue até o fígado pela veia porta, onde serão "desintoxicados" e "humanizados", como se diz na medicina antroposófica, para que não sejam rejeitados pelo sistema imunológico. Do fígado é que o sangue os levará (nutrientes e ectoplasma) para o coração, para que sejam distribuídos ao restante do corpo.

Foge ao escopo deste livro entrar nos detalhes dos aspectos bioquímicos da formação do ectoplasma. Mas fez-se necessário um pequeno comentário sobre sua possível origem orgânica e a relação que ele mantém com o fígado.

Para autores como o médico psiquiatra e militante do movimento espírita, dr. Jorge Andréa, existe uma participação do elemento fósforo na composição do ectoplasma, assim como é utilizado pelo organismo, como forma de armazenagem energética, que é a *adenosina trifosfato*, também denominada ATP (o "combustível" da célula). Para entender melhor: o açúcar *glicose*, proveniente da alimentação, é absorvido para dentro da célula, e, no interior desta, vai para a "usina de energia" (a mitocôndria). Nela, ocorrem diversos processos que levarão à formação do ATP, o qual é utilizado em diversas reações orgânicas para a preservação do funcionamento da célula, conforme a função desta. Por exemplo: para restabelecer o gradiente eletroquímico da célula cerebral, chamada neurônio, após a "descarga elétrica" que realizou para estimular o músculo da mão, a fim de que pudéssemos pegar um objeto.

Muitas pessoas e médicos naturalistas apresentam queixas quanto à ingestão do açúcar da cana, principalmente o refinado. Observei que quando o retirava de minha alimentação, e também quando pedia a pacientes que deixassem de se alimentar com alimentos que pudessem contê-lo, acontecia de ser muito diminuídas, ou mesmo ausentes, as queixas de gases intestinais, de tonturas e de dores articulares. Entretanto, para algumas pessoas ocorria uma espécie de síndrome de abstinência com a retirada, e elas então apresentavam-se irritadiças e inquietas.

Outra observação interessante se refere à nicotinamida (uma das três vitaminas B3). Como já relatado, cheguei a usar doses altas de vitaminas do complexo B, notadamente esta, em pacientes com *síndrome ectoplasmática*, e acabei por ver melhora dos quadros. A nicotinamida é utilizada para a formação da *coenzima nicotinamida adenina dinucleotídeo* (NAD), que, por sua vez, é utilizada para a síntese do ATP.

A impressão que tenho sobre a formação do ectoplasma resume-se no esquema abaixo:

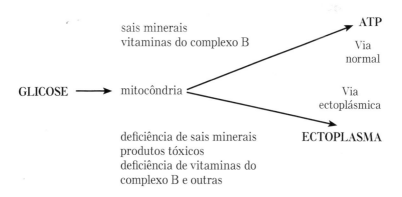

Creio que a produção normal de ectoplasma ocorre quando temos uma nutrição celular adequada em micro e macronutrientes, e há ausência de fatores que interferem no metabolismo da glicose para gerar o ATP. Quando há uma deficiência qualitativa e quantitativa de nutrientes para formação do ATP, ou presença de produtos tóxicos, ocorreria um desvio para uma via ectoplásmica que levaria a uma produção anormal, podendo chegar a nível prejudicial.

Pode-se dar seqüência a essa maneira de pensar do seguinte modo: quanto mais ectoplasma formado, menor a quantidade de ATP para o equilíbrio celular, o que reteria menos o corpo espiritual ao corpo físico, proporcionando maior deslocamento/desacoplamento daquele para fora do corpo físico. E, quanto mais para fora, menor sensação de capacidade de atuar sobre o próprio corpo, dando a sensação de corpo pesado e até de lassidão. Assim, quanto maior o deslocamento, maior sua expansão para o mundo espiritual, o que leva a uma maior percepção dessa outra dimensão. Talvez por isso grande parte das pessoas com *síndrome ectoplasmática* possuem percepções como impressão de vultos, de vozes chamando-as pelo nome, de haver gente por perto, ou de estarem sendo observadas.

Por ser o fígado o grande órgão de produção de ectoplasma no organismo, é, portanto, muito sensível aos fatores alinhados resumidamente no esquema apresentado na figura 1.

Estudando os gases intestinais, segundo o *Tratado de Fisiologia Médica*, de Guyton, em sua sexta edição, encontramos a seguinte citação: "A quantidade de gases que penetram, ou são formados, no intestino grosso diariamente é em média de sete a dez litros, enquanto a quantidade média expelida é ge-

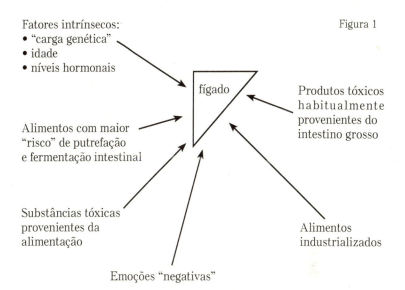

ralmente em torno de 0,6 litro. O restante é absorvido pela mucosa intestinal". Tal fato leva a crer na atuação dos gases intestinais na gênese do ectoplasma, visto que grande quantidade se difunde pela parede intestinal e passa ao sangue.

Os gases encontrados geralmente são o nitrogênio, o metano (que é um gás explosivo), e o sulfídrico (também conhecido como gás mostarda, que é venenoso e foi utilizado na Primeira e em parte da Segunda Guerra Mundial). Há também outras substâncias produzidas no intestino grosso pelas bactérias anaeróbias, as quais realizam reações de fermentação e putrefação com os restos alimentares e geram produtos como o fenol (que é sabidamente cancerígeno), os aldeídos, como a putrecina e a cadaverina, as mercaptanas, que atuam como "anestésicos" da motricidade intestinal (favorecendo o "intestino preso"), além de indol e escatol.

O engenheiro químico e professor Francisco Antunes, conforme consta em apostilas gentilmente cedidas pelo Instituto Augusta de Pesquisas Bioquímicas[1] (o próprio Francisco Antunes foi seu fundador), pesquisou sobre esse assunto e desenvolveu um composto, ao qual denominou P–10v, formado por peróxido de hidrogênio (a popular água oxigenada), a dez volumes, mas estabilizado com ácido fosfórico, além de outros componentes (a água oxigenada obtida em farmácia é estabilizada com ácido benzóico, que tem potencial tóxico, e, portanto, não é recomendada para a ingestão). Tal solução libera oxigênio ao nível do intestino grosso e, com isso, diminui o ritmo metabólico das bactérias anaeróbias e, conseqüentemente, as reações de fermentação e putrefação e seus produtos.

Prescrevi o P–10v a alguns pacientes e pude constatar a diminuição de queixas, como gases intestinais e dores articulares, assim como tontura. Os sintomas ectoplasmáticos apresentaram também grande diminuição de intensidade.

Poder-se-ia pensar, pelo relatado acima, que o ectoplasma fosse um grande engodo e que, na verdade, a sintomatologia seria decorrente da ação dos gases e substâncias produzidos pelas bactérias anaeróbias. Contudo, expressões do ectoplasma de forma a causar fenômenos de materialização vêm descartar tal hipótese, ou mesmo o alívio que se obtém com sua eliminação, conforme será descrito em capítulo adiante.

---

1 O Instituto Augusta está sediado em São Paulo. Seu fundador, o professor Francisco Antunes, recebeu o título de *Doutor Honoris Causa* em Ciências da *The Open International University for Complementary Medicines*, situada em Colombo, Sri Lanka, no ano de 1998.

Capítulo 9
Ectoplasma e a síndrome da tensão pré-menstrual

É sabido que na *síndrome da tensão pré-menstrual* (STPM) as mulheres apresentam sintomas psíquicos, como variação acentuada e súbita do humor, irritabilidade ou raiva (muitas vezes, queixam-se de que nem elas mesmas se aturam), choro, desesperança, dificuldade em concentrar-se. Têm sintomas físicos como um estufar no baixo ventre, inchaço generalizado ou somente nas pernas, com dores de cabeça, dores nas articulações e nos músculos, ondas de calor, dores e inchaço nas mamas, tonturas e modificação do hábito alimentar, além de sentirem vontade de ingerir principalmente alimentos contendo carboidratos, tais como pães, biscoitos das diversas variedades, ou doces.

O que notadamente chama a atenção é que, quando se alimentam com carboidratos, fica mais evidente o aparecimento dos sintomas físicos. Quanto aos sintomas psíquicos, existe observação de que no período pré-menstrual ocorre uma queda dos níveis de hormônios sexuais femininos (estrógenos e progesterona) para a mulher poder menstruar. Nessa situação, os estrógenos são de caráter mais significativo no que tange aos sintomas psíquicos. Sob tal afirmação, e tendo por base a experiência clínica, tenho utilizado um dos estrógenos para associar ao tratamento medicamentoso de pacientes psicóticos com flutuação intensa do humor e impulsividade (guarda-se alguma semelhança, porém muito mais intensa, com a STPM), quando os anti-psicóticos de uso habitual não logram êxito satisfatório.

O gráfico a seguir representa o nível de estradiol durante os dias do ciclo menstrual:

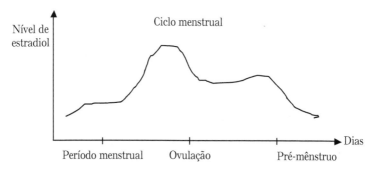

Como se observa, o nível de estradiol já está em queda no período pré-menstrual – o período da STPM. Pode-se questionar se a mediunidade, já menos bloqueada pelo estradiol, não estaria "funcionando", permitindo que a mulher seja intuída por "presenças" para se alimentar com doces e massas, a fim de que se produza mais ectoplasma, com suas conseqüências.

A constatação que faço é de que a STPM é uma manifestação da mediunidade e que, conforme já citado, o nível de estrógenos no sangue exerce um efeito sobre ela: o efeito de um agente bloqueador. Comparando, então, a mediunidade funciona como um aparelho eletrônico feito de carne e, como tal, postulo que deve haver fatores estimulantes ou bloqueadores de determinadas percepções, assim como da percepção como um todo. Funciona como se fosse um equalizador que permitisse maior evidência desta ou daquela freqüência.

Quando a mulher possui conteúdos conflituosos em seu inconsciente, ou mesmo consciente – portanto, situações ainda não solucionadas e que geraram raiva ou tristeza –, esses conflitos estariam à mercê da atuação de "presenças", que estimulariam o conflito e teriam o peso de uma "torcida organizada".

Isso acontece pela percepção mediúnica (desbloqueada pela queda dos estrógenos) que é, na maioria das vezes, desqualificada pelo médium. Inúmeras vezes, tenho visto que as pessoas crêem que o médium é alguém que está "tomado" pelo espírito, fora de si, e que de nada se lembra. Imaginam uma força sobrenatural que "possui" o corpo da pessoa. Não é nada disso. Na grande maioria das vezes, as pessoas estão conscientes e percebem tudo o que está acontecendo. O processo, pode-se dizer, é telepático.

Para ilustrar o funcionamento mediúnico, uso como referencial uma crise de irritação da STPM. A mulher está plenamente consciente do que está acontecendo, mas, quando vê, já entrou em atrito com quem se relaciona, por mínima coisa. É uma espectadora de suas reações emocionais.

Curioso notar o fato de que na STPM só aparecem sintomas que trazem dor ou desconforto, e não sensações de prazer e bem-estar. Creio que isso ocorra porque não há ainda, no estágio espiritual em que a mulher se encontra (aliás, em que se encontram ambos os sexos), o devido aperfeiçoamento psíquico que permita uma sintonia com "algo" maravilhoso da dimensão espiritual. É desse modo que entendo a ação dos estrógenos na STPM.

Em conversa com um amigo, Marco Antonio Rosa, que realiza fotografias pelo método Kirlian[1] e tem bastante experiência, ao trocar informações sobre o assunto, constatamos que pessoas que possuíam a *síndrome ectoplasmática*, em sua maior ou menor expressão, apresentavam uma característica singular nas fotografias: na área correspondente à mediunidade (onde houve a pressão digital sobre a tela fotográfica, e que se apresenta de cor vermelha) havia uma tonalidade muito forte e escura. Quanto mais intensa fosse essa coloração, maior a sintomatologia. Chama a atenção que a coloração vermelha muda para amarelo-alaranjada quando as pessoas encontram-se em equilíbrio emocional.

Segue uma representação esquemática de uma fotografia pelo método Kirlian:

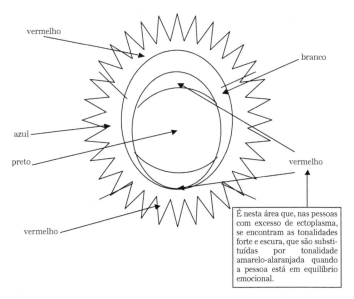

É nesta área que, nas pessoas com excesso de ectoplasma, se encontram as tonalidades forte e escura, que são substituídas por tonalidade amarelo-alaranjada quando a pessoa está em equilíbrio emocional.

---

[1] Processo fotográfico utilizado por uma câmera especial que capta a imagem oriunda de um campo magnético (aura). Possui essa denominação em homenagem ao eletricista russo Semyon Davidovich Kirlian, re-descobridor e estudioso do método.

Abaixo, a fotografia Kirlian de pessoa com grande quantidade de ectoplasma:

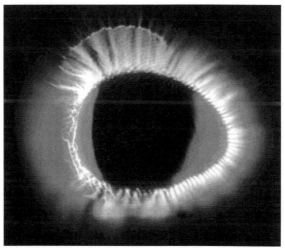

Fotografia do arquivo do autor.

Tais informações são a confirmação fotográfica de queixas que as pessoas relatam e que não se evidenciam nos exames laboratoriais bioquímicos. Trata-se, portanto, de uma informação valiosa para um estudo sistemático e objetivo do ectoplasma.

É fato que a maioria das pessoas que se queixam dos sintomas da *síndrome ectoplasmática* são mulheres. Assim como é fato que a região de cor vermelha da fotografia Kirlian também é mais evidente em mulheres, o que sugere uma associação entre *síndrome ectoplasmática* e sexo feminino.

Isso constatado, teria algum sentido a questão de que os hormônios masculinos poderiam bloquear a produção de ectoplasma?

Capítulo 10
Ectoplasma, depressão e síndrome do pânico

Na depressão, ocorrem sintomas de humor deprimido, falta de prazer em atividades outrora prazerosas, ou mesmo no existir, alterações de sono (insônia ou sonolência) e apetite (aumentado ou diminuído), falta de energia, capacidade de concentração diminuída, indecisão, sofrimento moral e idéias de autodesvalorização e autodepreciação. É freqüente verificar que um hábito intestinal que já era lento – o "intestino preso" – passe a ser mais demorado ainda.

De modo geral, há várias classificações a respeito da depressão. Uma delas, interessante, é a que se refere à apresentação de sintomas ansiosos, na qual a pessoa pode estar inquieta, sempre preocupada com algo, parecendo temer algum perigo, podendo estar irritada e até intolerante, chegando a chorar.

Outra seria a forma apática, na qual o indivíduo se apresenta letárgico, apático até, mostrando-se sem iniciativa alguma; às vezes, verte lágrimas sem motivo aparente, tem geralmente um ar fatigado, com o olhar aparentando cansaço e muitas vezes desesperança. Outra apresentação é a de forma agitada, em que o desespero e o sofrimento moral corroem as entranhas da alma, levando a uma inquietação desesperada, quase alucinada. Nessa forma, é comum que se apresentem idéias delirantes de culpa ou de ruína existencial.

Em todas as apresentações citadas pode existir sintomatologia física de natureza muito variável. Geralmente são queixas de sensibilidade à dor aumentada. Parece que qualquer estímulo tátil pode causar dor. Quase todo o corpo apresenta sensação dolorosa. Os sintomas mais comuns são dores musculares e articulares, e a dor de cabeça é quase uma constante. A insônia também é extremamente comum. Observa-se que, de modo geral, quanto mais sintomas físicos a pessoa tem, menos sintomas psíquicos ela apresenta. O inverso também é verdadeiro: quanto mais sintomas físicos possui, menos sintomas psíquicos ocorrem. A depressão em que os sintomas físicos sobrepujam os sintomas psíquicos é chamada "depressão mascarada".

Há, na especialidade da reumatologia, uma doença que se chama fibromialgia que apresenta os mesmos sintomas da "depressão mascarada". Na fibromialgia há os chamados "pontos anatômicos dolorosos", que nada mais são do que pontos que, quando pressionados, têm alta sensibilidade à dor; são pontos nos tendões dos músculos que ficam próximos às articulações. No meu entender, a fibromialgia é uma apresentação da depressão. O tratamento de ambas é feito com antidepressivos.

Não raras vezes, encontramos nas pessoas com quadro depressivo os sintomas do chamado *transtorno de somatização*. Observei que há essa associação, mesmo antes de publicações científicas sobre o tema, o que levanta a possibilidade de uma relação de ambas com o ectoplasma. Penso que haja um mau funcionamento hepático (seja por uma carga genética, que já deixa o fígado mais fraco, ou pelo emocional alterado que leva o fígado a também se alterar) que, somado a uma disfunção emocional do psiquismo, faz surgir o quadro doentio.

Na *síndrome do pânico* ocorrem crises súbitas e imprevisíveis (em sua totalidade) de palpitações, falta de ar, com ou sem sufocamento, ondas de frio ou de calor, de formigamentos pelo corpo, tontura, náuseas, sensação de desmaio, angústia ou opressão no peito. É imediatamente após as sensações físicas que se instalam na pessoa as intuições de que vai morrer, ou mesmo enlouquecer. O quadro é dramático e mobiliza a emoção.

É diferente de uma crise de fobia, pois nesta última o indivíduo apresenta alguns dos sintomas acima relatados (por vezes, até todos) numa situação em que se expõe a um "objeto" causador do medo. Esse "objeto" pode ser um lugar (como um elevador) ou uma situação (como falar em público). A pessoa com fobia pode estar em pânico, mas isso é diferente de *síndrome do pânico*.

Tenho questionado meus pacientes e grande parte deles têm relatado sentir a onda de calor subindo de baixo (do abdome) para cima, às vezes precedida de pequeno arrepio, ou mesmo calafrio, podendo também entrecruzar-se com os outros sintomas. O arrepio e o calafrio ou friacho (onda de frio) são, a meu entender, sugestivos da aproximação de uma "presença", enquanto a onda de calor (fogacho) é decorrente da movimentação e manipulação do ectoplasma pela mesma.

Essa manipulação do ectoplasma é o que gera todos os sintomas físicos. O medo de morrer ou enlouquecer seria decorrente de pensamentos e sentimentos provenientes do inconsciente, onde estão situações traumáticas de vida passada. A movimentação e manipulação do ectoplasma, ao causar sintomas extremamente desconfortáveis, gera, por si só, um medo intenso que entra em ressonância com o inconsciente, onde se acham as situações traumáticas de vida passada.

No tratamento pela medicina clássica, essas duas doenças – *depressão* e *síndrome do pânico* – caracterizam-se pela prescrição dos chamados antidepressivos, pois envolvem os mecanismos do neurotransmissor *serotonina*. Na *síndrome da tensão pré-menstrual*, assim como nas dores pelo corpo, entre as quais a fibromialgia, também podem ser utilizados os antidepressivos. Não seria o ectoplasma, em sua forma excessiva, análogo ao mecanismo bioquímico da *serotonina*? De outro modo: não estaria a maior formação de ectoplasma vinculada a uma via metabólica comum à *síndrome do pânico* e à depressão? Tal dúvida é de se postular, pois, como já mencionado anteriormente, a substância *triptofano* (um aminoácido que não é sintetizado pelo organismo) é precursora da *serotonina* e, curiosamente, os alimentos que mais contém *triptofano* (grãos de cereais integrais, legumes, folhas de vegetais verdes e derivados do leite) são aqueles que possuem, também, a vitamina nicotinamida – vitamina B3.

Estátua do deus Pan (nome de onde se originou a palavra "pânico").

Desse modo, a natureza dotou determinados alimentos da capacidade de diminuir a formação do ectoplasma. A *piridoxina* (vitamina B6) é usada no meio médico para combater os efeitos da STPM. Seu uso se deve ao fato de ser uma co-enzima para a síntese da *serotonina*.

Aí, novamente, está mais um indicativo de que, no mínimo, as vitaminas B3 e B6 poderiam estar envolvidas, quando em falta, no mecanismo de formação do ectoplasma.

Capítulo 11
Ectoplasma x psiquismo

Quando se fala de ectoplasma e psiquismo, é necessário que se avalie o perfil de personalidade e os caracteres das pessoas portadoras de *síndrome da tensão pré-menstrual*, de *transtorno de somatização* e de *depressão*. Falarei de modo genérico sobre cada perfil que pude delimitar, visto ser um assunto de alta especificidade que caberia ser discutido em um tratado de psicopatologia.

Presenciei em pessoas com *transtorno de somatização*, como o próprio nome indica, uma linguagem que se pode definir como corporal, o que não é novidade. São pessoas, a maior parte mulheres, que apresentam dificuldade em perseverar na busca de uma meta, pois têm dificuldades para persistir. Iniciam projetos com muita euforia, mas só mantêm suas expectativas radiantes até surgir o primeiro empecilho. Possuem traços agradáveis ao conversar, e são simpáticas; contudo, apresentam tendência a se queixar perante a primeira desilusão com alguém.

Nas mulheres, há tendência a se unirem com homens complicados, e esperam que o casamento seja bem-sucedido. Muitas vezes, essas uniões são fontes de atrito constante, a minar a satisfação com a vida. A estabilidade do lar raramente se mantém. Nos homens, a história é a mesma: unem-se a mulheres complicadas. Como muitos citam, "é um casamento quase de aparências", e é muito comum dizerem: "Parecemos dois irmãos". São pessoas que tendem a negar conflitos psíquicos e, de início, se escondem atrás de uma aparência de fragilidade – são melindrosas.

Onde entra o ectoplasma nisso tudo? Parece que o incômodo causado pelo ectoplasma é um aviso que empurra a pessoa para frente, para o perseverar, pois, se assim não o fizer, vai sofrer. Os sintomas servem-lhe como um orientador a levantar a dúvida sobre onde se originam as queixas físicas, visto que a medicina clássica nada detecta ao exame clínico. É disso que acaba se convencendo, a um custo doloroso, ao longo dos anos, e que poderia ser minorado caso quisesse rever suas reais necessidades. É a dor a esculpir o aprendizado.

Por outro lado, pessoas assim prendem-se exaustivamente a uma gama de problemas familiares. Querem dar solução às dores alheias. Se desistirem do tratamento psicológico ou espiritual (principalmente), as dores e o desconforto retornam, a avisar que se faz necessário rever e aprender com o conteúdo do próprio psiquismo.

Na depressão, os sintomas psíquicos são expressões de um modo de pensar, sentir e agir exigente com o mundo, com os outros e consigo mesmas, o que as leva a se frustrarem quando as coisas não dão certo, conforme o esperado. Relutam em tolerar as dificuldades da vida, em aceitar que as coisas e as pessoas não sejam certinhas como espera.

Os sintomas mais evidentes são as sensações de peso no corpo, principalmente nas pernas, podendo estar acompanhados de *transtorno de somatização*. Funcionam como um limitador do jeito de ser exigente. É como se o corpo dissesse: "Você não é tão forte assim". É um aviso que vem através do corpo, já que as funções mentais são muitas vezes desqualificadas.

O peso nas pernas que o indivíduo sente pode ser entendido não somente como "sentir-se pesado" para andar adiante na vida, quando acontecem as contrariedades, mas é a vida a lhe dizer que está muito parado mentalmente, e que é necessário retirar de si, do psiquismo, coisas que carrega desnecessariamente nas suas "pernas mentais". Nesse caminhar mental, não se desliga dos erros que os outros cometeram para consigo; por isso fica lamentando o passado, pois não perdoa.

Pude perceber que, nas pessoas com depressão e sensação de derrotismo, encontra-se freqüentemente o relato espontâneo de que dormem mal, de que têm pesadelos em que estão sendo perseguidas e que vão ser agredidas. Seguindo os passos de Santo Agostinho, que dizia que "morremos todas as noites", em alusão ao desdobramento do corpo espiritual durante o sono, pode-se postular que, por vezes, elas realmente estão sendo perseguidas durante o sono por "presenças" do passado.

Nessas pessoas, é comum ouvir a queixa de que apareceram manchas roxas na coxa, ou pelo corpo, como se tivessem batido na quina de num móvel (a medicina tradicional as classifica como *púrpura simples*). Interessante notar que quando essas manchas são apertadas geralmente não doem. Relatam ainda que estão com o "corpo quebrado", ou "parece que tomei uma surra", como se de fato tivessem brigado com a "presença"

Ectoplasma

durante o sono. Nesses casos, o ectoplasma é que permite a passagem das lesões do corpo espiritual, que apanhou durante a noite, para o corpo físico, que estava em repouso.

Fato curioso ocorreu num "postinho de saúde" quando eu estava atendendo uma paciente portadora de quadro depressivo, e, ao ser questionada sobre como havia passado no período, ela revelou que "não muito bem". Indaguei-lhe o motivo, e eis que ela me surge então com várias queixas contra uma nora, possivelmente problemática, que, após o casamento com seu filho, havia alguns anos, permitira que morasse numa grande casa nos fundos da sua. Para sua surpresa, a nora estava tentando mandar em tudo na sua casa: no jeito de lavar a louça, de estender o varal e de fazer comida.

A paciente se sentia muito incomodada com os traços dominadores da nora, uma vez que lhe tiravam a sensação de controle sobre si mesma. Tinha vontade de dizer algumas "verdades" para ela, mas limitara-se a calar para evitar discussões, e possivelmente o afastamento do filho. Na hora, perguntei-lhe se não dava vontade de dar umas boas palmadas ou uma surra numa nora dessas, e não houve dúvidas. Em seu íntimo, tinha o desejo de bater.

Passados alguns momentos, ela mudou de assunto e me perguntou: "Doutor, estou tendo várias manchas roxas na coxa, e não bati em nenhum lugar. O senhor faz idéia do que deve ser? É alguma doença?". Foi quando percebi que não bastava somente estar em sintonia de raiva com a "presença", mas ter conjuntamente a sintonia de querer brigar com alguém.

As oscilações de humor, já referidas por Matthieu Tubino em seu já citado livro, o passar da euforia para a depressão com muita facilidade, são um fato que faria pensar, dentro da linguagem psiquiátrica, em *transtorno de humor bipolar*, ou seja: a pessoa pode ter um desequilíbrio para qualquer um dos dois pólos do estado de ânimo, de forma doentia, oscilando entre períodos de exacerbação ou euforia anormais e períodos de humor depressivo, com tristeza e desânimo, também doentios.

Vale a pena lembrar que oscilações de humor são freqüentes em médiuns psicofônicos, quando a mediunidade está em desacerto. O médium psicofônico contamina-se facilmente pelo ambiente, e isso vale tanto para o ambiente alegre como para o triste.

Pessoalmente, acredito que o conteúdo do inconsciente das pessoas que possuem a *síndrome ectoplasmática* é o principal determinante para a apresentação desses traços de personalidade. Reconheço, contudo, que a mediunidade exerce uma função no psiquismo, assim como também a considero uma função do psiquismo. Com isso, penso que a grande maioria dos portadores da *síndrome ectoplasmática* são altamente perceptivos a sensações, sentimentos e pensamentos; são muito intuitivos. Contudo, desconhecem a capacidade intuitiva que possuem e não reconhecem em si a mediunidade psicofônica.

Até o momento, nunca conheci alguém que apresentasse a *síndrome ectoplasmática* e não possuísse mediunidade psicofônica.

Capítulo 12
Ectoplasma como sinal cármico

A pergunta maior é: para que finalidade serve o ectoplasma, além de causar desconforto? A resposta é encontrada na biografia do espírito ao longo das várias encarnações. É comum encontrar, nas sessões de regressão da terapia de vida passada, várias histórias que se repetem, em que personagens provocaram lesões físicas em outras pessoas, quer pela própria mão, ou por ordens deles provenientes. Havia uma desqualificação sumária ao outro, tanto ao seu psiquismo quanto, principalmente, ao seu físico. Afinal, em vidas passadas não tínhamos ainda uma noção mais elaborada de que deveríamos viver para aprender o amor. Quando éramos contrariados, queríamos dar o troco. A história da humanidade é cheia de relatos assim: quando desejávamos fazer sofrer o mental das pessoas, íamos lesar o físico alheio.

É sobejamente conhecido que todos nós ainda lutamos para aprender a reparar nossos erros, ou seja, tornarmo-nos "responsáveis pelo erro" e não "culpáveis pelo erro". Mas, mesmo assim, ainda temos nossas culpas, e, visto que a culpa deixa de existir somente quando há o perdão, por aí vemos quão difícil é perdoar aos outros ou a nós mesmos.

A imagem que tenho quando alguém tem um corpo que é grande produtor de ectoplasma é a de que essa pessoa, quando em espírito, antes de reencarnar, ao passar por uma reavaliação de vidas pretéritas em que tomou decisões enganosas, e visualizando os seus hábitos agressivos, tivesse dito a si mesma que não agüentava mais ser daquele jeito e que necessitava mudar nem que fosse à força, pois o espírito constata, pela reavaliação, que quando reencarna esquece seus compromissos de auto-aprimoramento, voltando a reincidir quase que compulsivamente nos velhos atos agressivos.

É nessa situação que ele pede para ter um corpo adequado às suas reais necessidades de aprendizado. Assim, um corpo produtor de ectoplasma funciona como uma lembrança de que existe uma meta a ser atingida, que consiste no auto-aprimoramento pela conquista de virtudes, com vistas a atingir a finalidade da existência: ser feliz. Essa decisão do espírito, no período prévio à sua reencarnação, de possuir um determinado corpo produtor de ectoplasma, é o que chamamos de carma. É uma decisão lúcida do espírito de se expor a determinadas situações para conquistar virtudes. É com esse corpo que o espírito tem a oportunidade de voltar-se para a meta de auto-aprimoramento, porque tem a chance de realizar atividades altruístas, em que esse ectoplasma poderá ser utilizado em benefício da coletividade nas curas espirituais.

Contudo, toda vez que voltasse a se comportar de maneira desastrosa como espírito (embora não tenha essa visão clara quando está encarnado), viria a sintonizar-se com suas "presenças", as quais manipulariam seu ectoplasma, causando desconforto. Assim, seria forçado a pedir ajuda e, portanto, quebraria o orgulho do "não preciso de ninguém" ou "o que eu sei já me basta para viver".

Ao mesmo tempo em que a manipulação do ectoplasma por "presenças" pode servir de limite, forçando-nos a mudar nosso modo de agir, também apresenta uma finalidade bem maior, e que pode nos tornar mais satisfeitos conosco mesmos – a cura espiritual. É necessário que se acompanhe o raciocínio para entender o que o ectoplasma tem a ver com essa "cura espiritual".

Cada um de nós já deve ter conhecido alguém que, ao entrar em locais "pesados", como ambientes de hospital, notadamente pronto-socorro, quando em contato com pessoas fisicamente doentes, ou com algum transtorno mental, começa a sentir-se mal. Então, vou contar uma história já conhecida, ou ao menos vivida por muitos, para que a situação fique clara.

O Fulano, que está muito mal psiquicamente, anda nervoso e tenso, foi conversar com o Beltrano, que é possuidor de quantidade significativa de ectoplasma, e às vezes tem sintomas. Fulano se aproxima de Beltrano para contar como está a vida. E aí descarrega aquela conversa sobre o Beltrano: queixas da vida, amargura com os familiares e insatisfação com o trabalho; e, logicamente, não deixa de contar que sua saúde está precária, as juntas doem, o coração está deficitário; fala das crises de enxaqueca e de outros males mais. Depois de quase meia hora de conversa, o Beltrano, que estava muito bem psíquica e fisicamente, já está amargurado, com uma sensação de corpo ruim, com dor generalizada, e consegue então, naquela fração de segundos em que o Fulano parou para respirar e deixou de mover as cordas vocais, dizer que tem um compromisso e já está atrasado, e infelizmente não pode mais conversar. O Fulano agradece, embora quisesse falar mais, e diz: "Foi tão bom te encontrar, Beltrano! Precisamos nos ver mais vezes!". E sai todo contente, feliz e radiante. Do outro lado, fica o Beltrano, indo cabisbaixo e desanimado para o compromisso, quase corcunda, em passos cansados, sentindo-se caolho, como se estivesse com seqüelas de um derrame.

O caso relatado é típico: várias pessoas já o vivenciaram, e por vezes são chamadas de impressionáveis. Contudo, há uma base fisiológico-espiritual para tanto: o ectoplasma. Tem-se a impressão de que houve uma transfusão da energia de um para outro, e o doador saiu exaurido de suas forças. Aparece aí mais uma característica do ectoplasma, que é a difusão para o local onde há menor concentração. O ectoplasma é, portanto, em parte das vezes, substância de movimento involuntário, não dependendo do querer do médium.

Tenho observado que quando o equilíbrio psíquico da pessoa se manifesta de modo a separar melhor o que é seu do que é do outro – noção de *self-no self* –, há uma tendência significativa a ser menos intensa essa "desnutrição de transfusão", ou, de outra maneira: a difusão é menor.

Os dados sugerem que a vida força o indivíduo que possui o "ectoplasma de transfusão" a procurar "descobrir em si mesmo as próprias características de personalidade", como que a dizer o "conhece-te a ti mesmo", da inscrição do portal do templo de Delfos, para que aprenda a separar melhor o que é de si mesmo daquilo que é de outra pessoa.

Capítulo 13
A respeito da formação das doenças

Pela terapia de vida passada foi observado que várias doenças psíquicas e físicas tinham sua origem nas existências pregressas. A título de exemplificação, citemos um paciente que vem se queixar de medo de altura. Em uma determinada vida passada, tal indivíduo foi a pequena princesa dos cabelos cacheados e dourados, filha do rei adoentado e acamado, que foi empurrada do alto da torre do castelo pelo maldoso primeiro-ministro ambicioso que queria se apossar do reino. Na queda, sente o medo, cai no fosso e acaba morrendo afogada. A cicatriz que fica para o espírito imortal é o medo de altura.

Pode existir para o espírito uma situação diferente. A pessoa vem se queixando do marido com o qual não se dá bem, e tem uma úlcera duodenal. No passado, foi uma mulher que se suicidou com um punhal no abdome ao saber da traição do marido. A lesão física ficou guardada em seu corpo espiritual e na encarnação atual drena para o corpo físico.

Asim, quando se realiza a terapia de vida passada, não se aborda uma vida somente, o que se constata é que, para ocorrer uma dor em vida atual, é necessário que se leve em conta várias vidas. Comparo como se tivéssemos um copo d'água a ser enchido — uma vida só bastará para criar problemas na vida atual, se a torneira das emoções negativas e dos pensamentos enganosos estiver muito aberta; caso contrário, irá enchendo devagar ao longo do tempo.

Da mesma forma, as emoções e pensamentos associados aos fatos acontecidos possuem uma carga energética que se expressa de modo desarmônico pela emoção negativa, que podemos chamar também de sentimento ou emoção de desprazer. Funcionam como cicatrizes emocionais ou físicas que se expressam no corpo espiritual e acabam drenando para a encarnação atual, seja no físico, ou no campo mental.

A finalidade da vida nos empurra para o aprendizado das virtudes; no entanto, a cada momento nos defrontamos com os nossos próprios defeitos. É verdade que ao longo da vida nos preocupamos muito em angariar valores que de fato não são os mais importantes; nos ocupamos em conseguir posses, na ilusão de que elas nos darão poder de, quem sabe, sermos felizes. Buscamos adquirir terras, ou no mínimo um terreno, para construir nossa casa, ou talvez um quiosque. Tentamos juntar dinheiro para guardar debaixo do colchão, talvez para poder dar uma jóia de ouro e diamante à esposa ou à filha. Procuramos, dentro da vida, interpretar papéis que representem valores perante à sociedade; papéis de autoridade, de expressão para a admiração alheia, a fim de não nos sentirmos por baixo. Por vezes, nos encantamos com o corpo, como um grande tesouro a ser cultivado, entregamo-nos a uma busca desenfreada da sua exaltação, realizamos dez mil cirurgias plásticas, e a estética está cem por cento.

Passa-se o tempo, e as situações se modificam. Os ladrões roubam os bens materiais; os títulos e honrarias terrenas também são esquecidos ou superados pelas novidades; o corpo sofre o fenômeno da oxidação e envelhece; as rugas chegam e não há mais onde esticar, e o silicone já não consegue estruturar um corpo de brotinho. A dor então chega, e onde nosso coração guardou valores, ao invés de depositar afeto, foi se transformando num lugar vazio. O sentimento e a emoção podem ser os mais variados; perda, revolta, raiva, mágoa com a vida se instalam. Há insatisfação consigo mesmo e a sensação de vazio ou solidão. A descoberta de novos valores se faz necessária para o preenchimento do coração que se encontra vazio. É justamente aí que entra o processo de regressão terapêutica à vida passada, para sondar a causa das dores. É como se acendesse uma luz nos cômodos escuros de nossa casa mental, que é o inconsciente, permitindo o esclarecimento do porquê dessas dores.

Ao procurar no passado a causa, deve-se levar em conta que a história da humanidade não é feita de amor, carinho, compreensão, fraternidade e outras "virtudes" mais. Ela é montada em cima de dramas e tragédias, lutas, batalhas, guerras. Basta lembrar que grande parte das guerras que o mundo viveu foi de origem religiosa; matava-se e ainda se mata em nome da religião e de Deus. Todavia, é a história individual de cada um que entra na biografia do espírito, ao longo das diversas encarnações.

Costumo dizer a meus pacientes que a doença não erra de endereço; tem CEP e e-mail corretos. Ela tem características próprias: é pessoal, íntima e intransferível. Pessoal, porque somente cada um de nós sabe o que ela realmente representa em

Ectoplasma 109

nossas vidas. Também é íntima, pois vem da profundeza do nosso ser, seja de nosso inconsciente ou do consciente, do que pensamos e sentimos de mais secreto. É intransferível, uma vez que não conseguimos nos desfazer dela. Mesmo que queiramos comprar um pouco da dor do outro, ele não consegue nos vender, nem que sejam trezentos gramas de depressão ou três metros e meio de pedras nos rins.

Quando encontramos a causa das dores, também encontramos virtudes jogadas ao léu, pois desprezamos as orientações e aprendizados que a vida nos apresentou. É a jovem que se rebela contra a família, por não concordarem com aquele namoro com homem complicado e que, por teimosia, insiste e se casa com ele. Quando descobre que ele a traía, aí a convivência não tem mais jeito, e separa-se dele. Decide que homem não presta e casamento é uma ilusão. Perdeu-se a fé na sinceridade dos homens e nos relacionamentos.

Quando estamos no processo terapêutico, decodificamos o porquê dos sintomas; é o ir atrás do que a vida quis nos mostrar para que pudéssemos aprender o caminho para a felicidade. Enfim, qual seria a virtude a ser aprendida, necessária para que se possa dar por superados os conflitos e as dores.

A terapia de vida passada proporciona o conhecimento da causa de nossas dores. Porém, nem todos desejam tratar a causa. Há os que desejam se livrar da dor, sem se livrar das causas, que são os defeitos. A pessoa tem de realizar uma troca, tem de abrir mão do defeito para obter a cura. Entretanto, o homem é ainda muito inseguro; acredita somente no que pode pegar, de modo que prefere ter um defeito na mão do que duas virtudes no coração.

Costumo dizer que há uma diferença grande entre estar alegre e ser feliz. Estamos alegres quando ganhamos na loteria, quando recebemos aumento de salário. É uma satisfação quando um desejo é realizado, ou seja, quando o mundo de fora permite que conquistemos algo dele. No entanto, felicidade é algo mais profundo, que vem do interior da alma, quando procuramos o prazer no contentamento e na satisfação interiores, ou seja, quando nos ocupamos em adquirir virtudes. Desse modo, ser saudável é mais um estado de espírito, em que existe o conteúdo e não a aparência.

A vida cobra de todos nós aprendizado e ação. Não tem jeito. É de se questionar por quanto tempo ainda desejamos fugir de nós mesmos e protelar nossas prioridades no existir. A frase de Jesus Cristo "Conhecereis a verdade e a verdade vos libertará" talvez seja o lema de toda terapia, pois encerra um grande conteúdo em poucas palavras. O "conhecereis" indica que é necessário voluntariedade, querer procurar, e talvez até uma ordem, uma determinação, pois o ser humano geralmente faz separação entre o cumprir um dever e o desejo. Geralmente quer satisfazer os desejos, acreditando que isso dá prazer; ao passo que cumprir o dever é sinônimo de constrangimento, de dissabor. Pouco parou para pensar que pode tomar atitude diferente: pode aprender que amar somente o que se deseja não é sinônimo de prazer, muito menos de felicidade.

Então, se a máxima diz "Conhecer a verdade", tenho em mente que a verdade deve ser buscada, talvez por estar perdida; está oculta, podendo até ter sido escondida. Desse modo, penso que muitas coisas que tomamos como verdade de fato não o são. Se não é verdade, não passam de aparências, ilusões,

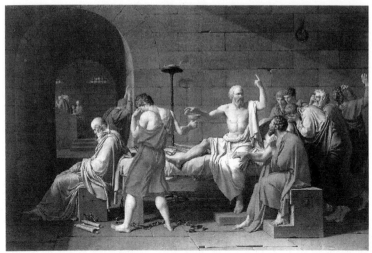

A Morte de Sócrates – famoso filósofo grego que fez da frase "Conhece-te a ti mesmo" o lema de sua vida –, tela de Jacques-Louis David, 1787.

engodos, ou mesmo mentiras, mais discretamente chamadas de "inverdades". Portanto, é insinuado que acreditamos em muitas "inverdades", como se fossem verdades.

Se também é dito "a verdade nos libertará", o que nos prende são as mentiras. Mas, de que local estaríamos sendo libertados? Afinal, só pode ser libertado quem está aprisionado. Entendo que a pior prisão do mundo é aquela na qual nos encarceramos dentro de nós mesmos, nos atamos a grilhões mentais – as mentiras – e temos dificuldade de nos soltar de nós mesmos. É como o medo de altura que não está na altura, mas dentro da pessoa; ou como a culpa que, quando é do outro, está tudo bem para nós, não nos incomoda; no entanto, se ela for nossa, aonde formos, carregamo-la a nos flagelar.

Portanto, a frase de Jesus enseja uma busca pormenorizada dentro de nós mesmos; solicita que deixemos de negar os fatos tais como são; pede que não os distorçamos ou minimizemos, nem arrumemos saídas mais intelectualizadas, justificando nosso erro pela atitude alheia, ou por algum outro fator do mundo externo.

A máxima "Conhecereis a verdade e a verdade vos libertará" é o equivalente cristão ao grego socrático "Conhece-te a ti mesmo e conhecerás o universo".

Realmente, não tem jeito, temos de nos encontrar.

Jesus Cristo, o autor da frase "Conhecereis a verdade e a verdade vos libertará". Esta foto de "Jesus vivo" foi proveniente de um fenômeno paranormal realizado por Sai Baba (considerado por muitos como um avatar — espírito perfeito — encarnado na Índia). Tal fotografia foi realizada com um aceno de mão de Sai Baba por sobre uma fotografia, em preto e branco, do sudário de Turim, a qual foi descolorindo, para que, logo após, fosse como que se revelando a fotografia de Jesus Cristo ressuscitado, em cores.

Ectoplasma

Capítulo 14
As doenças e o processo espiritual de cura

Sabemos que, apesar dos grandes avanços da medicina, o ser humano ainda sofre muito com as dores e as várias doenças. Parece mesmo que as causas das nossas enfermidades são psíquicas, e que na verdade elas estão embutidas em nossa alma. Trabalho com terapia de vida passada há mais de vinte anos, e tenho acesso a muitas histórias do passado. Assim, o que vejo é que levamos, de vida para vida, os mesmos padrões de comportamento, os quais geralmente se revelam como nossos distúrbios de caráter ou temperamento. Com o tempo, esses padrões, repetidos à exaustão (pois já tivemos milhares de vidas), criam espécies de pústulas de energias negativas que se imantam em nossos perispíritos, oriundas dos defeitos e desmandos morais que infelizmente trazemos através do tempo para a vida atual.

José Fuzero, que escreveu o prólogo do livro *Mediunidade de Cura*, do autor espiritual Ramatís, fala da "terapêutica da higiene mental", em que teríamos todos de melhorar enquanto pessoas para que pudéssemos vibrar energeticamente de forma diferente, a fim de que não carregássemos nossos perispíritos com toda essa energia radiante originária de nossos problemas do passado. Na verdade, o que ele chama de terapêutica de higiene mental, os kardecistas chamam de reforma íntima, e nós, terapeutas de vida passada, chamamos de mudança de caráter.

E o que seria a mudança de caráter? Todos aprendemos, de vida para vida, desde que o nosso espírito começou sua trajetória neste planeta, e talvez até mesmo antes, a nos comportar de uma determinada maneira diante das dificuldades da vida. Quando pergunto para um cliente, por exemplo: "Como é o seu temperamento?", geralmente ele responde: "Eu sou muito calmo." Então insisto com ele: "Como é que você se comporta diante das vicissitudes da vida?" ou "De que maneira você reage quando é contrariado?", pois é nessas ocasiões da vida que o nosso verdadeiro caráter aparece: aquele que era calmo, geralmente fica impaciente ou irritado quando contrariado. Alguém por acaso gosta de ser contrariado? Todos nós queremos que as coisas fluam mais ou menos do nosso jeito. É difícil para o ser humano aceitar com facilidade que as coisas sejam do jeito de outras pessoas.

Vamos imaginar o espírito ao ser criado, há muito tempo atrás. Imaginem que Deus tenha reunido muitos jovens espíritos (vamos fazer de conta que foi assim) e colocado todas essas criaturas aqui na Terra, por exemplo. Elas tinham de aprender tudo sozinhas; tinham de lutar para sobreviver. Cada um desses espíritos recém-chegados era de um jeito: um determinado "fulano" era grandalhão; um outro, era pequenino; e um terceiro tinha características diferentes; cada qual apresentava um aspecto físico particular.

Vamos pensar mais ou menos assim para que possamos entender grosseiramente: havia pouco alimento disponível, que ficava escondido em algum lugar. Quando esse alimento foi disponibilizado no mundo, pela primeira vez, todos saíram correndo: o grandalhão correu desajeitado, e, sem qualquer intenção, esbarrou nos menores e pegou a comida facilmente. Sem querer, ele aprendeu que dando um esbarrão nas pessoas conseguia alcançar a comida mais depressa. Os pequeninos, que não conseguiram o alimento, tiveram de seduzi-lo de alguma forma — trocar favores, andar pelas "beiradas da vida" —, para conseguir um pouquinho do que o grandalhão tinha pego.

Então, todos foram aprendendo a se virar e, assim, quando chegou a próxima vida, aquilo já estava guardado no espírito, ou melhor: aquele que foi o grandalhão na vida anterior, ao ver a porção do que deseja, sabe que dando um esbarrão nos outros vai chegar mais depressa ao seu objetivo, mesmo não sendo mais tão grande. O que tinha sido pequenino, e aprendeu que passando uma conversa nos outros também consegue seus objetivos, embora não seja mais tão pequeno, continua a fazer a mesma coisa. Um outro, que havia sido o gordinho, por exemplo, aprendeu que se roubasse um pouco antes e guardasse só para ele, também iria comer, e mesmo já não sendo gordo e desajeitado, continua agindo furtivamente. E assim, de vida para vida, vamos aprimorando os nossos defeitos.

Ramatís, referindo-se às doenças do corpo, relaciona pessoas que hoje têm câncer a personagens que, em vidas passadas, aprenderam a ser maledicentes; pessoas que têm doenças hemorrágicas teriam introduzido em seus espíritos a ira; os que sofrem com problemas ósseos, como artrose, por exemplo, teriam gravado em seus espíritos o ciúme. A cada doença, ele seleciona um tipo de "defeito de caráter" que está mais ou menos relacionado àquele tipo de enfermidade que a pessoa apresenta. E o que se vê, em terapia de vida passada, é exatamente isso: cada um de nós traz a personalidade pré-mórbida que alimenta em nossa alma as nossas doenças físicas. No livro *Mediunidade de Cura*, psicografado por Hercílio Maes, pode-se obter interessantes informações sobre este assunto.

As infecções da alma são justamente os nossos defeitos; os aprimoramentos dos comportamentos negativos que cada um de nós vem fazendo de vida para vida. Vamos guardando todos os defeitos, e também todas as qualidades, em nosso espírito, em nosso inconsciente – ou no nome que se queira dar à essa essência que nos move de uma vida a outra, e arquiva todas as nossas memórias. O problema é que nossos defeitos geram em nosso espírito uma energia radiante muito grande, acabando por gerar as lesões ou doenças cármicas.

E como é que acontecem essas lesões cármicas?

Todos nós entendemos o que é carma. Por exemplo: se eu fui uma mulher muito sedutora e me dei mal, então, na próxima vida, vou querer vir com um problema qualquer que me impeça de agir assim novamente, como um defeito físico que me torne pouco atraente para os homens. Se fiz mau uso dos meus olhos, ou da minha inteligência, posso querer vir com dificuldades de visão ou com algum distúrbio neurológico que me impeça de raciocinar perfeitamente. Claro que isso não é uma regra geral, mas são possibilidades a ser consideradas.

O que nós sabemos, na verdade, é que na fase que antecede à reencarnação, o espírito não conseguiu ainda drenar para "fora" todas as energias negativas, vai passar para o cromossomo do ovo daquele futuro corpo que lhe servirá de abrigo na futura encarnação todas essas energias radiantes. É dessa forma então que surgem as malformações congênitas – as doenças vão estar impressas em nossos cromossomos de forma cármica.

Seguindo nessa linha de raciocínio, percebe-se que, além das doenças cármicas, todos carregamos uma tendência a ter uma ou outra doença, uma ou outra fragilidade em determinado órgão ou lugar do corpo. Já repararam como existem pessoas que têm todos os seus problemas no pulmão? Assim como outras os têm no abdome, e outras ainda na parte óssea ou na cabeça, por exemplo? Há pessoas que têm dores de cabeça terríveis, pois carregam aquilo que chamamos de cicatrizes do passado em seus perispíritos, lembranças de traumas que aconteceram em outros tempos. Então, do perispírito, essas lesões terminam passando, ou não, para o corpo denso, em função de determinadas circunstâncias.

Como é que se dá o expurgo dessas energias negativas, dessas verdadeiras pústulas espirituais que carregamos? Por meio das doenças intercorrentes na vida, pois são a forma usada habitualmente pelo espírito para se livrar delas. As doenças são poderoso instrumento para que possamos ter o impulso do crescimento para o bem, até que consigamos, um dia, rarefazer nosso perispírito e não mais precisar dele.

Esses fluidos negativos estão todos contidos em nosso perispírito; ficam imantados até começarem a passar para o corpo denso, através do duplo etéreo, que funciona como uma válvula de escape da alma, por onde vão ser expurgadas, sob a forma de doenças físicas, as pústulas formadas pelas energias negativas oriundas de nossos hábitos ruins do passado, daquele jeito que gostávamos de nos comportar e que estamos trazendo das vidas anteriores até hoje.

Quando desencarnamos, o duplo etéreo desaparece porque, obviamente, não precisamos mais dele. Então, como se pode perceber, mesmo que de uma forma bastante superficial, o ser humano é composto de três partes: a alma, que é a consciência eterna do espírito; o perispírito, que é uma espécie de corpo fluídico dessa alma, isto é, conserva nossa forma física enquanto estamos aqui encarnados, e mesmo depois quando desencarnados; e finalmente o corpo físico, que seria o envoltório material da nossa alma. Nosso perispírito vai absorvendo as energias negativas dos defeitos que carregamos, como já citamos, porque toda emoção tem uma energia contida em si.

E o que é a energia das emoções? Como ela se manifesta?

Vamos supor que estivéssemos aqui e, de repente, aparecesse uma cobra. Eu levaria um susto muito grande, o que causaria uma enorme descarga de adrenalina no meu corpo; e o medo desencadearia um batimento cardíaco acelerado, pois o corpo, sabiamente, reconhece quando corremos um risco. O coração começaria a bater mais depressa para bombear mais sangue para os membros inferiores, a fim de que eu pudesse correr (a pessoa fica pálida e com as mãos frias com o susto, porque existem partes do corpo que não precisam de tanto sangue naquele momento, o qual pode então ser dirigido para onde ele é essencial).

Essa energia profunda, tão palpável, capaz de causar tantos sintomas, como os ocorridos simultaneamente à emoção de medo, mostra que todas as nossas emoções atuam de forma similar. Seja o egoísmo, a raiva, o ciúme, a vaidade, ou qualquer outro tipo de emoção ou sentimento, todos carregam uma enorme carga de energia negativa que, com as repetições sistemáticas, vão ficando acumulados em nossa alma. Esta, por sua vez, repassa-os ao perispírito, que é o seu envoltório fluídico. Como o perispírito contém todos os órgãos, e é uma cópia fiel do nosso corpo físico, tudo fica retratado nele, como se fosse um molde original. A cada momento em que esse molde adoece, também adoecemos, através dessa drenagem pelo duplo etéreo.

Mas como é que adoecemos? Como é esse processo?

O adoecimento é um processo que funciona como se fossem cartas na manga que a alma traz de vida para vida. Por exemplo: durante o processo de terapia de vida passada, só para se ter uma idéia, uma pessoa que tem muita mediunidade pode dizer assim: "Eu não quero ser médium". Na TVP, conversa-se muito sobre essas coisas porque, na verdade, é uma terapia basicamente espiritual. Quando a pessoa diz que não quer ser médium, geralmente tem medo do compromisso, ou tem vergonha. De fato, mil outros motivos podem fazer alguém não querer a mediunidade, como se fosse possível escolher agora, depois de o espírito encarnado.

No processo de regressão, o inconsciente, que é o próprio espírito, ao invés de levar essa pessoa a uma vivência passada, sabiamente a conduz a momentos que antecederam à encarnação atual, e ela então vai se ver planejando todos os eventos cármicos da vida presente, em que planejou ser médium, ser baixa ou alta, homem ou mulher, branca ou negra etc. Quer dizer, ela vai planejar todas aquelas coisas que hoje mais lhe parecem um problema do que uma oportunidade. O engraçado é que, muitas vezes, o terapeuta vê acontecer de o espírito reencarnante, no período entrevidas, querer dar o passo maior que as pernas e dizer coisas como: "Médium? Não, eu fiz muito mal, eu prefiro ir sem uma perna. Mediunidade é muito pouco, diante do que já fiz de errado no passado". No fim, a pessoa acaba reencarnando com a mediunidade mesmo, e não dá conta nem disso.

Existem outros espíritos que ajudam a pessoa a fazer o projeto da futura encarnação. É como se eles falassem: "Você não vai dar conta. Nós o conhecemos, e você também se conhece. Se reencarnar sem a perna, só vai servir para ficar muito bravo e não vai adiantar nada". Então, em vez de reencarnar sem a perna, a criatura faz uma troca e reencarna com a mediunidade. Obviamente não dá conta nem daquilo que achava que era fácil demais nem do que supunha merecer, pois não a compreende e passa o tempo todo reclamando da tal mediunidade. Mas, tendo feito a troca antes de nascer, pensa, depois de encarnada, que é médium porque tem um "dom" e é boazinha.

Na verdade, quando fizemos a troca, sabíamos que o impulso do bem dependia de uma mãozinha por traz, pois ninguém vai ficar melhor do dia para a noite. Ninguém obedeceria às leis de trânsito, por exemplo, se não existissem as multas. Ninguém sai com o carro de casa dizendo: "Eu vou dirigir a 60 km por hora, porque realmente não quero causar mal a ninguém nem atrapalhar o trânsito". Só dirigimos a 60 km por hora, e mesmo assim reclamando, para não sermos multados.

De vez em quando, precisamos de um empurrãozinho da

vida, e isso, muitas vezes, vem por meio das doenças, para que possamos aprender a fazer as coisas de uma forma diferente do que fazíamos antes. Sempre recebo no consultório pessoas deprimidas, com doenças graves, muitas vezes pensando até em se suicidar. Geralmente são pessoas prepotentes, irritadas, com baixo limiar de tolerância às frustrações da vida e que gostam de mandar em todo mundo, cujo câncer, por exemplo, é uma tentativa do espírito de se dobrar um pouco. Há algum tempo, um cliente portador de uma séria doença física, muito aborrecido, chegou contando que por causa da tal enfermidade estava precisando pedir até água para os filhos, pois não conseguia mais nem andar. Mais tarde, percebeu que, pela primeira vez na vida, estava tendo de acrescentar "por favor" à sua fala quando precisava de alguma coisa. Sabemos que as doenças, na verdade, promovem o crescimento do nosso espírito; aquela doença estava na "manga do colete".

O espírito reencarna por 20, 30, 40 anos sem aprender o que necessita, como a brandura ou a resignação, por exemplo; mudanças que faziam parte de seu projeto inicial. E então, quando chega aos 50 anos, diz a si mesmo algo assim: "Eu não agüento mais; não vou apreender nada com este sujeito aqui". Aí, o espírito dá um jeito de drenar pelo duplo etéreo uma doença redentora para o corpo físico que possa realmente fazer aquela pessoa compreender que não reencarnou para mandar nos outros, que ela não é abastada somente para guardar tudo que possui embaixo do colchão, que ela não nasceu para pisar nas pessoas, e sim para proporcionar o bem-estar social, para dar exemplos, para gastar o tempo que sobra de sua vida a ajudar o semelhante de alguma forma, entre outras coisas.

Ectoplasma

Desse modo, gostaríamos de mostrar como é essa "coisa" meio mágica e distante que se chama espírito. Qual é a sua forma? O que é o perispírito?

Teoria corpuscular do espírito

Vamos abordar a partir de agora a *teoria corpuscular do espírito*, de doutor Hernani Guimarães Andrade,[1] que foi o fundador do Instituto Brasileiro de Pesquisas Psicobiofísicas, sediado em São Paulo, e possui muito livros publicados. Ele criou um modelo espacial de espírito que ajuda a compreender o que é o perispírito e o espírito propriamente dito. Ajuda principalmente a entender como médiuns de cura fornecem o ectoplasma para que os tratamentos espirituais se processem.

Dr. Hernani dividiu o Universo em duas partes: a substância *matéria*, que é a substância da terceira dimensão em que vivemos (temos altura, largura e profundidade), e a substância *espírito*, a qual chamou de *matéria psi*, que seria uma matéria da quarta dimensão e que possibilitaria todas as construções do mundo espiritual, como uma cidade espiritual, por exemplo, ou mesmo o próprio espírito.

A substância *matéria* é composta de átomos, que por sua vez são compostos de prótons, elétrons e nêutrons. Já a *matéria psi*, segundo ele, seria formada de psiátomos, que, por sua vez, são compostos de bions, intelectons e perceptons. O bion seria aquele psiátomo que possui o *quantum* de vida; o intelecton teria o *quantum* de inteligência e o percepton o *quantum* de memória e percepção das coisas. Todas as formações espiritu-

---
[1] Entre os livros publicados por dr. Hernani Guimarães estão *Psi Quântico* e *Parapsicologia Experimental* (vide *Bibliografia*).

ais, como os fluidos, o ectoplasma, as edificações astrais, o perispírito e o espírito, são formados por essa *matéria psi*.

E como acontece isso? Da mesma maneira que para formar um átomo é preciso juntar prótons, elétrons e nêutrons, e, para se formar uma célula, átomo une-se a átomo, e depois, célula com célula, até surgir a matéria de um corpo denso, na espiritualidade o processo é semelhante: juntam-se intelectons com perceptons, e assim sucessivamente, para se formar as construções astrais. O espírito, que é a única formação do Astral que tem o *quantum* de vida – o bion –, forma-se unindo os psiátomos até dar origem aos elementos espíritos, e elemento espírito mais elemento espírito termina por formar o espírito.

Dr. Hernani criou o modelo espacial de espírito em forma de um losango. Informações interessantes sobre essas pesquisas podem ser encontradas em um de seus livros intitulado *Espírito, Perispírito e Alma* (ver gráfico 1).

Para compreender melhor o que ele criou, vejamos: imagine algo como uma cebola; em cima dela está o que se chama de *cúpula espiritual do espírito*, que é onde se localiza a parte divina do espírito e se aloja o desejo de evolução e aprimoramento; portanto, aquele impulso para o bem está na cúpula do espírito. Todas as nossas experiências biológicas estão na parte de baixo, que ele chamou de *modelo organizador biológico*, ou simplesmente MOB. Então, se cortarmos uma cebola e a virarmos para nós mesmos, veremos que ela tem uma série de camadas que corresponderiam à cada encarnação.

Nesse modelo organizador biológico (MOB) é onde estão os registros de todas as nossas reencarnações, como se fosse um

Gráfico 1 – Teoria corpuscular do espírito.

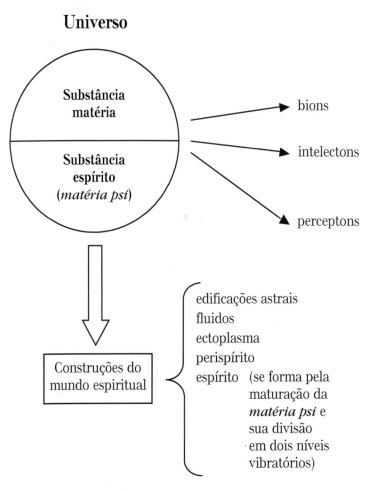

arquivo de nossas vidas. Por exemplo, se formos ao arquivo da Receita Federal, encontraremos o registro de todas as nossas dívidas que lá permanecerão até o momento em que a paguemos. Assim é o MOB, apenas um arquivo. Na cúpula estaria a parte pensante do espírito. Quando essas duas regiões se sobrepõem, forma-se o perispírito. Explicando melhor: um campo magnético muito forte se forma entre os corpos vital e astral, dando origem, digamos, ao perispírito.

Como se pode perceber pelo gráfico, é como se existissem dois perispíritos: aquele quando estamos desencarnados, e o outro quando encarnados. Se vamos reencarnar, o perispírito começa a atrair para si os bions negativos da vida que, ao se juntarem, vão criando uma cópia exata de nosso físico atual, que é justamente o físico que esse espírito vai envolver, ou seja, o corpo denso. São na verdade esses bions de vida, esse tipo de *corpúsculos psi*, que vão formar o perispírito do homem encarnado, que, por sua vez, será o molde original de nosso corpo, e de nossas doenças. De quando em quando, vamos "tirar uma carta da manga" e jogar nesse corpo físico, em forma de doença (ver gráfico 2).

Como se vê, formamos um perispírito atual apenas quando necessário, como se tivéssemos duas almas – uma alma da *individualidade*, que é aquela que usamos quando ainda não temos uma alma da *personalidade atual*, que só se manifestar quando a alma ganha o contorno do nosso personagem atual.

As energias negativas – os traumas de cada vivência – estão todos condensados na parte de baixo da cebola, isto é, nos registros de nossas sucessivas reencarnações. Aquilo que chamamos anteriormente de nossas emoções negativas são núcleos calcificados dessas energias negativas; são elas que vão ser escoadas, em forma de doença, quando houver uma necessidade.

Quando alguém faz terapia de vida passada, o processo da regressão de memória promove um rastreamento no modelo organizador biológico (MOB), permitindo que se acessem esses núcleos calcificados. Então, com a terapia, podemos detectar quais as origens daquilo que a pessoa precisa mudar ou melhorar, e iniciar uma drenagem dessas energias por meio do

Ectoplasma

Gráfico 2 – O espírito.

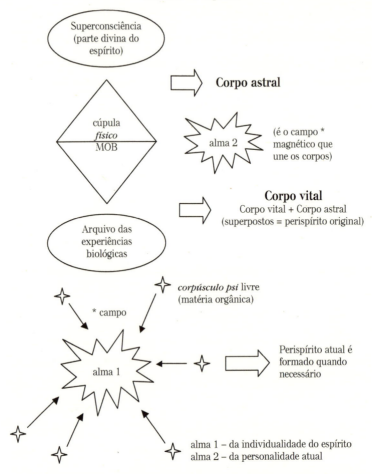

entendimento e, posteriormente, da reprogramação da vida. Reprogramar é compreender, a cada momento, para qual personagem do passado as nossas ações, sentimentos ou pensamentos atuais, que nos fazem sofrer, devem ser creditados e por quais razões.

Por que acontecem as doenças?

Tanto as doenças cármicas, como outras doenças, têm vibrações altissonantes que conseguem desalojar os blocos de energias negativas acumulados do MOB, da mesma forma que a terapia de vida passada. Que não se pense, no entanto, que o simples rastreamento do MOB, numa regressão de memória, isto é, que o conhecimento do passado sem uma reprogramação verdadeira, seja capaz de desalojar essas energias, como prometem os "fazedores" de regressão, que pululam às dezenas por aí afora. Por essa razão, até mesmo ética, na Sociedade Brasileira de Terapia de Vida Passada não aceitamos fazer simples regressões nas pessoas, e sim processos terapêuticos completos. Portanto, a regressão de memória é apenas um dos instrumentos terapêuticos utilizados pela terapia de vida passada.

Então, ou melhoramos pelo amor, como se costuma dizer, drenando essas energias por meio da tolerância, do despojamento de nossas pequenas tiranias pessoais, da brandura (pois sabemos muito bem em que aspecto precisamos mudar), ou vamos melhorar pela dor das doenças, usando a dádiva inestimável do tempo, na eternidade, à nossa disposição. Dizendo de outra forma: ou melhoramos enquanto pessoa, ou mais cedo ou mais tarde ficaremos doente. A história da humanidade vem mostrando isso a quem tiver olhos para ver.

Entretanto, as pessoas consideram as dores como algo ruim, quando na verdade as doenças fazem parte de um processo de cura da nossa alma: ou vamos melhorando mais depressa com nossa mudança íntima, especialmente quanto ao temperamento, ou mudaremos mais lentamente por meio da roda das existências (as reencarnações). O ponto é saber quem vai querer esperar passar toda a roda das existências para conseguir ser mais saudável e feliz, o que deve levar alguns milênios; isto em se tratando do processo reencarnatório do nosso planeta (ver gráfico 3).

Como todos nós somos muito parecidos, o comum é que a maioria das pessoas que buscam auxílio terapêutico queiram apenas melhorar as suas dores. Na verdade, elas chegam ao consultório com todo tipo de dores, tanto emocionais como físicas – as emocionais ajudando a causar as físicas. Então, perguntamos se estão dispostas a mudar algo coisa em seu temperamento para

Gráfico 3 – As dores.

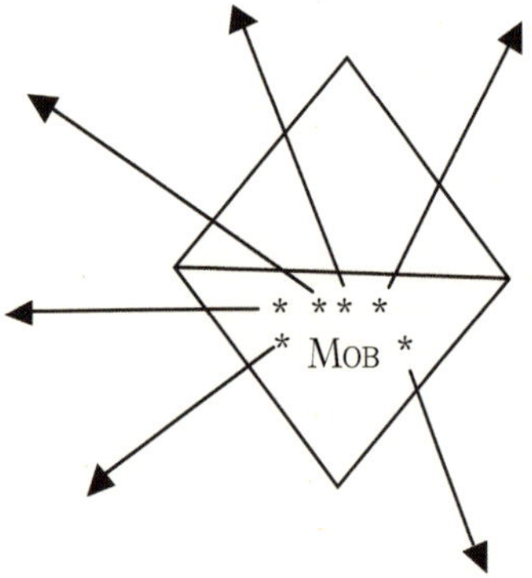

* Traumas (energias negativas represadas de outras encarnações que pedem trabalho corretivo para ser escoadas)

Se o escoamento não se der antes da pré-reencarnação ⇒ doenças cármicas (as dores têm vibrações que desalojam os blocos energéticos)

T<small>VP</small> ⇒ promove um relaxamento da cúpula e faz um rastreamento dessas energias no M<small>OB</small>

A roda das existências ⇒ fará tudo se escoar por si mesmo

As perguntas são:
— quem quer esperar o tempo passar?
— qual é a solução?

poder sanar a dor física. Primeiro, elas ficam muito surpresas, pois se consideram muito boazinhas. Realmente somos boas pessoas, pois, tirando uma média, ninguém vive pensando em matar alguém, não é mesmo? Mas não somos exatamente "bonzinhos". Costumo dizer para meus clientes que todos nós carregamos uma espécie de saquinho de felicidade amarrado ao corpo, cujo tamanho é muito pequeno. O problema é que queremos colocar tudo dentro dele: nossa impaciência, nossa irritação, nossas "ranzinzices", e também, junto com tudo isso, a felicidade. Até que chega um momento em que não cabe mais nada, e começa a cair tudo para fora, numa grande confusão, e nada mais dá certo na vida. Então eu digo para o paciente, por exemplo: "Tire um pouquinho da felicidade para caber o resto das coisas", mas ele responde: "Ah! Isso não!". Eu insisto: "Trate então de tirar um pouquinho de seus defeitos". Esse tipo de atitude evitaria que nossa alma se impregnasse de energias ruins para as próximas vidas. Evitaria que tivéssemos doenças hoje e amanhã.

Se alguém tem a mínima esperança de que vai chegar "lá em cima" sem antes rever suas "ranzinzices", pode esquecer! Pode até chegar lá, mas o espírito estará com o perispírito carregado dessas pústulas espirituais, com seu modelo organizador biológico pesado, cheio de energias calcificadas. Por isso, não tem jeito: ou melhoramos enquanto pessoas, ou melhoramos enquanto pessoas. Caso contrário, ficaremos doentes, e não adiantará reclamar. As doenças são realmente causadas pelas nossas emoções negativas, por todas essas pústulas que ainda não conseguimos escoar.

Trabalhos espirituais de cura

Existem muitos tipos de trabalhos espirituais de cura. Normalmente o que se faz é o receituário mediúnico e os procedimentos mediúnicos cirúrgicos ou clínicos. O receituário mediúnico geralmente é usado para o atendimento de pessoas no local onde o médium está, ou à distância, sendo especialmente usado nesta última modalidade para doentes que não podem se locomover, ou residem em lugares longíncuos. Desse modo, quando uma pessoa solicita atendimento para outra que está distante, os dirigentes espirituais da casa, através do médium que está atendendo aquela pessoa, vão se interligar aos espíritos e mentores, naquela cidade onde o doente reside, os quais, por sua vez, vão se comunicar com os espíritos responsáveis pelo enfermo. São estes últimos que irão examinar toda a situação cármica do atendido, e, num segundo momento, mandarão para esse determinado protetor que está trabalhando, por intermédio do que Ramatís chama de "espelho", a fotografia do perispírito da pessoa que está em tratamento.

Assim, a entidade que está atendendo irá examinar o perispírito daquela pessoa e detectar onde estão as pústulas de energias negativas. De posse dessas informações, providenciará, através de outros médiuns, o tratamento necessário, que veremos mais adiante.

Para prescrever um receituário mediúnico desse tipo, ou se é um médium intuitivo ou se tem uma mediunidade chamada *transmentação*. O médium intuitivo é aquele que trabalha como se o espírito falasse ao seu ouvido, como se fosse um processo telepático. Porém, o médium ideal é o de transmentação, processo em que ocorre uma união mental com o espírito comunicante, e que se chama de mediunidade semiconsciente (a mediunidade totalmente inconsciente talvez não exista mais, e este seria um assunto para outro trabalho). Então, fica mais fácil a prescrição, além de ser mais útil, pois o médium aprende ouvindo o espírito, e vice-versa.

Os procedimentos clínicos e as operações mediúnicas acontecem de forma diferente. Quando os médiuns estão reunidos para atender uma pessoa – sejam eles os que farão os procedimentos ou os que estão na corrente mediúnica doando o fluido de cura (ectoplasma) –, os espíritos irão magnetizá-los com *corpúsculos psi*, do tipo bion negativo, no momento da energização do doente, e esses bions farão com que a cúpula e o modelo organizador biológico dos médiuns se afastem do corpo físico (ver gráfico 4).

Gráfico 4 – Trabalhos espirituais de cura.

1. Receituário mediúnico
– Intuição (transmissão telepática)
– Transmentação (conjunção mental)

2. Operações mediúnicas

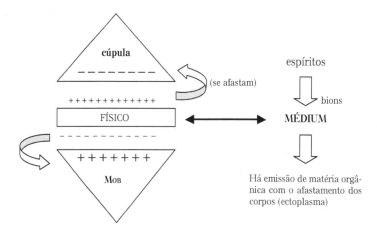

Há emissão de matéria orgânica com o afastamento dos corpos (ectoplasma)

Ectoplasma 133

Imagine aquela cebola do modelo espacial de espírito; então, quando ela é separada em duas partes, por meio de uma magnetização espiritual, promove-se o escoamento de uma enorme quantidade de ectoplasma, e, tão logo essa doação de ectoplasma tenha terminado, os corpos voltam a se sobrepor. Este é o fenômeno ocorrido com o médium durante o processo de cura, e tanto faz se ele é quem participa do procedimento cirúrgico, comunicando-se com o médico espiritual pela transmentação ou intuição, ou se apenas faz parte da corrente de doadores de fluidos. No momento da energização ou doação de ectoplasma, o que acontece é um afrouxamento dos liames que unem a cúpula com o MOB (um afastamento do corpo astral e do corpo vital do médium), que vai então liberar uma quantidade enorme de fluido de cura.

Existem inclusive trabalhos de cura espiritual em que somente a corrente de doadores de fluidos trabalha, não havendo contato direto com os médicos do plano espiritual; há outros ainda em que os próprios doentes doam ectoplasma, obtendo alívio de um sem-número de sintomas, dos quais falaremos mais adiante.

Em todos esses casos, o ectoplasma doado é utilizado não apenas ali, durante o trabalho em benefício de doentes, depois de depurado, mas também em outros lugares, tanto no Astral como no plano físico, em procedimentos de cura espiritual. Trabalhos interessantes sobre esse assunto podem ser encontrados em livros como o do prof. Matthieu Tubino, do Instituto de Química da Unicamp, *Um Fluido Vital Chamado Ectoplasma*.

O ectoplasma está por toda parte na natureza. Vamos

criar uma imagem mental, apenas didática, para que possamos compreender mais facilmente do que se trata esse fluido vital.

Vamos supor que todos nós víssemos espíritos e estivéssemos agora diante de um deles. Imaginemos que esse espírito chegasse aqui e quisesse fazer barulho. O que aconteceria? Sua mão iria atravessar qualquer lugar que ele tocasse, da mesma forma que, se alguém também quisesse tocá-lo, a mão dessa pessoa iria atravessá-lo. Sabemos, no entanto, que o espírito é capaz de fazer ruídos ou de abrir uma porta; e também tem condições de ligar um ventilador ou um interruptor de luz, por exemplo; ou melhor, de promover fenômenos de efeitos físicos. Todos esses fenômenos de *poltergeist*, dos quais ouvimos falar, são produzidos pela utilização do ectoplasma por um espírito. E como é ele consegue fazer isso?

Imaginem como se houvesse um barro espalhado por toda a natureza, e esse espírito mergulhasse a mão nesse barro, vestindo a mão como uma luva. É exatamente assim que ele faz com o ectoplasma, que se apresenta como uma nuvem que está espalhada por toda parte. Vestido com essa luva, ele é capaz de interagir fisicamente na terceira dimensão, deixando de atuar apenas na região onde habita. Desse modo, passa a ter condições de nos tocar, nos causar sustos com ruídos, ou mover objetos, entre outras coisas. Alguém poderia dizer: "Muito interessante, mas e daí? O que isso tem a ver com a mediunidade de cura ou com nossas dores?". O que eu quero mostrar com isso são os sintomas que nos levam a identificar um médium de cura. E se o leitor acha que não é médium, poderá mudar de idéia, pois a mediunidade de cura é a mais comum.

O ectoplasma está em toda parte, mas se concentra especialmente nos alimentos. Isso significa que todo o tempo estamos "comendo" ectoplasma, além de produzi-lo de outras formas. O único jeito de uma pessoa não acumulá-lo é doando ou parando de comer. Como não dá para parar de comer, e como a grande maioria das pessoas acumula ectoplasma, temos de doá-lo. O ectoplasma só começa a ter efeito curativo a partir do momento em que passa pela usina transformadora do corpo humano. Seria muito mais fácil para os espíritos curadores usarem o ectoplasma da natureza, mas eles têm de usar aquele que foi separado dos corpos pela magnetização. O grande problema nesta questão é que trazemos lá do passado nossos desafetos espirituais, e, da mesma forma que eles podem usar esse fluido da natureza e fazer um barulho para nos amedrontar, também podem "pegar" o fluido que fica acumulado na região do plexo solar e manipulá-lo.

O simples fato de o ectoplasma estar acumulado nessa região já causa muito desconforto. Muitas pessoas têm a impressão de que a barriga estufou de um dia para o outro, e que teriam engordado, pois a calça não abotoa mais; também têm gases, problemas de trânsito intestinal, como diarréias ou constipações, úlceras gástricas, gastrites e todo o tipo de dores e inflamações abdominais. Se, além disso, um de nossos desafetos decide manipular esse ectoplasma, muitos outros sintomas vão aparecer.

Imaginemos que tivéssemos em nosso abdome um barrilzinho cheio de ectoplasma, sob alta pressão, e a "presença" – nosso inimigo do passado – empurrasse aquele excesso para cima. Quando o ectoplasma, sob pressão, bate no peito, podemos sentir aquele aperto, tão conhecido como angústia. Se o ectoplasma continua a ser empurrado ainda mais para cima no peito, pode causar a sensação de falta de ar ou respiração curta em muitas pessoas, além de sintomas de bronquite ou asma. É comum em crianças, e mesmo em adultos, ocorrerem febres inexplicáveis, por exemplo.

Essa mudança brusca de pressão também pode levar ao aumento da pressão sangüínea, costumando ainda acumular-se facilmente nas articulações, quando manipulado, pois o líquido sinovial é um local bastante receptivo para isso. Nesses casos, causa artroses, reumatismos, além de dores de todos os tipos. Se continuar a ser levado para cima, na região do pescoço, pode-se ter a impressão de haver aquele sintoma comumente descrito como uma "bola" na garganta, aquela coisa que não sobe nem desce, e faz a pessoa ficar pigarreando.

Se o desafeto do passado continuar empurrando esse ectoplasma ainda mais para cima, na cabeça, muitas vezes ele irá acumular-se nos seios da face causando rinites ou sinusites. E ainda pode continuar subindo, indo parar no labirinto, que é nosso órgão de equilíbrio, causando tonturas – a famosa labirintite, por exemplo, que a medicina mais ortodoxa geralmente não consegue curar, porque muitos médicos ainda ignoram a parte espiritual do homem. E se, finalmente, o processo de manipulação continuar subindo, poderá causar o mais comum de todos os sintomas, que é a dor de cabeça. Concluindo: todos esses são sintomas de excesso de ectoplasma, com suas conseqüentes manipulações. Feliz ou infelizmente, são também sintomas de mediunidade de cura.

No entanto, não adianta a pessoa decidir apenas doar o ectoplasma, ao tomar ciência desses sintomas. Também não adianta dirigir-se ao consultório de terapia de vida passada e dizer: "Eu vim aqui só para tratar da minha dor cabeça". É preciso que o terapeuta explique que, antes de acessar o passado para descobrir se o paciente teve algum traumatismo na cabeça, deve-se analisar quem a pessoa é hoje, pois, para que esse desafeto do passado entre no seu campo áurico e manipule o seu ectoplasma com tanta facilidade, é porque essa pessoa está numa freqüência vibratória apropriada para tal. A grosso modo, nós seres humanos costumamos vibrar em ondas curtas quando estamos bem (ondas de rádio mesmo).

Se observarmos um rádio de ondas curtas (que se propagam para cima), notaremos que é possível sintonizar estações distantes, como a Voz da América, nos Estados Unidos, ou a BBC, em Londres. Mas quem tem um rádio em FM, como os usados nos automóveis, pode perceber que, na primeira curva da estrada, a estação sintonizada originalmente não pega mais, porque a onda média corre ao rés do planeta, "batendo" no primeiro morro do caminho, e então a transmissão é interrompida.

As "presenças" do passado vibram exatamente em ondas médias. Então, se estamos vibrando em ondas curtas, pois estamos calmos e equilibrados, na nossa primeira irritação começamos imediatamente a vibrar em ondas médias, e assim passamos a nos afinar com as vibrações da "presença" negativa, que, por sua vez, ganha condições de nos encontrar e de manipular nosso ectoplasma, ou nos dar intuições negativas (ou as duas coisas ao mesmo tempo).

Depois disso, levamos muitos dias para nos ajustar ou nos reequilibrar novamente em ondas curtas. E quando estamos quase conseguindo, nos irritamos de novo e caímos outra vez para as ondas médias, e assim sucessivamente. É preciso que se diga também que, da mesma forma que para se sair da sintonia de uma estação qualquer de rádio basta girar um pouquinho o *dial*, para se sair de uma vibração adequada de ondas curtas, não é necessário que a pessoa fique nervosa, discuta ou fale em voz alta; basta uma "irritaçãozinha" qualquer. Não é, portanto, uma questão quantitativa, e sim qualitativa.

Dessa forma, passamos nossa vida como que na coluna do meio: sempre mais ou menos em contato com "presenças". Na verdade, elas muito nos ajudam porque nos fazem perceber não só onde estão enraizados os pontos fracos de nosso corpo físico (porque obviamente é mais fácil manipularem o ectoplasma nesses pontos, causando-nos dores e desconfortos localizados), como também estão funcionando como um alerta de que realmente precisamos melhorar muito nosso temperamento.

O exemplo mais simples que se pode dar para explicar tudo isso é o de uma doença moderna, que se convencionou chamar de *síndrome do pânico*. Para quem não a conhece, seu mais importante sintoma, como o próprio nome diz, é o medo que a pessoa tem de ficar distante de um lugar que lhe seja familiar, por exemplo, tendo sempre a impressão de que vai passar mal e morrer fora de casa, ou longe de um lugar conhecido, sem qualquer assistência. De de repente, começa então a ter "batedeiras" no coração, falta de ar, sudorese e impressão de que vai desmaiar, entre outros sintomas.

Como já se pode imaginar, todos esses sintomas são causados pela manipulação do ectoplasma por uma "presença" do passado, um desafeto que quer ver a pessoa sofrer. Em terapia de vida passada, o que se percebe freqüentemente é que essa pessoa já morreu sozinha e sem assistência, longe de casa ou de seus conhecidos, em diversas circunstâncias e ocasiões. O trauma ficou guardado no seu espírito, e o desafeto que a está acompanhando nesta vida sabe disso. Então ele, simplesmente, manipula o ectoplasma de forma brutal, causando o medo. E isso é fácil para ele, porque naturalmente a pessoa em questão é um médium de cura sem saber, ou renitente em aceitar, e por isso não trabalha sua mediunidade em nenhum lugar.

Em seguida, a "presença" dá à pessoa a intuição de que vai mesmo morrer sem assistência. Como ela já está passando mal, e já vem registrado como um fato consumado de suas vivências passadas, acha mesmo que vai morrer. Isto é a *síndrome do pânico*. Mas, além dessa pessoa ter mediunidade de cura e acumular o ectoplasma não doado, geralmente apresenta uma personalidade pré-mórbida, isto é, o traço de caráter negativo que traz de outras vidas, daquele lento aprendizado de sobrevivência do qual já falamos anteriormente. E, como a vida nunca corresponde às expectativas daquele que quer tudo para si, ela alimenta uma sensação de frustração ou fracasso, geralmente não tolerando ser confrontada, e colocando-se sempre a um passo da irritação e da raiva, sentimentos que naturalmente estão visíveis a seus desafetos, na medida em que ela sempre, ou quase sempre, vibra em ondas médias.

A depressão secundária, que costuma acompanhar esses casos, geralmente ocorre pela sensação de impotência e irritação que o pânico causa, com seus sintomas devastadores e incontroláveis. Portanto, ela nunca é a causa primeira, como muitos pensam. A raiva causada pela impotência só serve para atrair novas "presenças", fazendo todo o ciclo recomeçar. De qualquer forma, o prof. Matthieu Tubino já conseguiu listar quase uma centena de sintomas relacionados com o acúmulo e a manipulação de ectoplasma.

Assim como um espírito amigo pode afastar a cúpula de nosso MOB, e, por meio da magnetização, propiciar a liberação de grande quantidade do ectoplasma acumulado para a função de cura, nosso desafeto do passado pode fazer o mesmo e usar esse ectoplasma para desencadear todos os sintomas que relatamos superficialmente, e muitos outros mais. Por isso, precisamos caminhar verdadeiramente para o bem, para que todas as pústulas alojadas em nosso perispírito possam ir desaparecendo, na medida em que nossa alma vai melhorando, e o perispírito possa rarefazer-se aos poucos até chegar num ponto em que não precisemos mais dele, ou seja, de densidade muito pequena, como o dos espíritos evoluídos que habitam outras dimensões.

A doença é muito própria de nosso mundo e, provavelmente, de muitos outros de mesma faixa de evolução. A solução para nossas doenças é despertarmos para nossos pequenos defeitos e começarmos a entender, de uma vez por todas, que o caminho para tudo é a alegria. Costumo dizer que a fé não nasce conosco, e muito menos é algo religioso. Entendo que a fé deve ser construída e que as pessoas crescem com ela, pois se compõe de duas virtudes: alegria e resignação, elementos que resolvem nossos problemas espirituais e emocionais, e por conseqüência também os físicos.

Quando alguém fala em resignação, muitos ficam zangados; imaginem dizer isso a uma pessoa que está sofrendo. A princípio, ela vai ficar muito irritada, mas é preciso que se entenda que deve haver resignação, até porque nem tudo pode ser do nosso jeito. É preciso também que se saiba que alegria é a capacidade de compreender que tudo o que nos acontece provavelmente seja o melhor para nós naquele determinado momento. Então, se conseguirmos desenvolver essas duas virtudes, vamos encontrar a fé e a brandura, que nos farão amar mais o nosso próximo e toda a natureza, o que, aliás, é o objetivo maior da terapia de vida passada, que tanto gostamos de chamar de terapia do amor.

Amar é entender o que fazemos aqui e o que cada um de nós veio aprender, sem precisar ficar doentes para isso. A maioria de nós, com certeza, reencarnou para aprender a ser mais tolerante; outros, para ser menos gananciosos; outros ainda, menos egoístas, e daí por diante. Se formos mais brandos, com certeza teremos uma melhor qualidade de vida, com menos doenças, e, portanto, menos dores e sofrimento.

Maria Teodora Ribeiro Guimarães[2]

---

2 1 Colaboração de dra. Maria Teodora Ribeiro Guimarães, psiquiatra e fundadora da Sociedade Brasileira de Terapia de Vida Passada (SBTVP), especialmente neste capítulo.

Capítulo 15
Ação efetiva para debelar os sintomas

Quando falamos em curar a dor, aliviar os sinais e sintomas da *síndrome ectoplasmática*, estamos falando dos diversos tipos de ectoplasma que tendem a se localizar em vários pontos do organismo. A localização preferencial no doador deve servir como fator indicativo para aliviar as dores nos necessitados.

Imaginemos uma pessoa que queira se "livrar" do ectoplasma em excesso e possua altas concentrações dele na região do tórax. É curioso notar que esse indivíduo, ao participar como passista, ou numa doação de energia nos chamados trabalhos de cura espiritual, em que uma equipe médica de espíritos socorre os necessitados, acaba por realizar uma doação através do ato de bocejar (o ectoplasma costuma ser expelido pelos orifícios do corpo), ou de uma transmissão não perceptível desse fluido. O ectoplasma servirá justamente para auxiliar aqueles que têm doença física relacionada com a parte orgânica do doador que está mais "repleta" desse ectoplasma.

Acredito que a atuação ocorra não somente no corpo físico, embora seja um "fluido vital pesado", mas também no corpo espiritual (nos chacras ou pontos de energia), devendo realizar neste uma ação de tonificação, se assim podemos dizer. O efeito no corpo espiritual também repercutiria no corpo físico.

A farmácia orgânica do corpo do médium de ectoplasma pode ser inutilizada perante a vontade decisória deste em se abster de participar de uma atividade de vulto terapêutico. A responsabilidade que carregará será pela omissão e negligência em exercer a atividade curativa, como se fosse um médico que, em situação de emergência, deixasse de realizar um procedimento de preservação da vida. Parece de grande gravidade a atitude do médium que, portador do bálsamo curativo, se rebela contra a situação que o empurra para um altruísmo ao colocá-lo diante de uma situação de aprendizado para servir à coletividade.

O grande empecilho ao exercício de uma atividade terapêutica tem-se concentrado no auto-engrandecimento dos dotes que se centram no médium. Ao destacar-se como uma pessoa de referência, revela-se um orgulhoso pela importância dada à obtenção do ectoplasma para a cura, acreditando que tal fluido é dependente de sua única e exclusiva vontade, como se não houvesse a participação de outros espíritos em sua manipulação.

Em minha experiência clínica, nunca consegui apreciar um caso em que um paciente com grande quantidade de ectoplasma, e que se recusasse a realizar tarefas de assistência espiritual, tivesse se saído bem em relação à sua própria saúde. A recusa a essas tarefas parece que foi preenchendo o organismo dessas pessoas (por causa da não liberação do ectoplasma) com uma concentração intensa dos fluidos vitais pesados, vindo a "conquistar" uma gama de sintomas.

Não tenho conseguido ver lógica na decisão de não se ater a uma atividade de auxílio espiritual aos doentes; pelo menos para mim, que desde criança admirava ver a postura nobre de um médico prestando auxílio aos necessitados.

Na mediunidade de cura, é necessário ceder semanalmente algumas horas de dedicação à caridade, participando das atividades assistenciais, oportunidade que nos proporciona observações sobre os males que acometem os outros, o que, de certa forma, leva a um amadurecimento de nossa personalidade. Passa-se então a pensar e a sentir de maneira experiente: enxergamos a vida de modo sereno e pacífico, pois a alma se reconforta com a proximidade da piedade pelos adoentados e se plenifica na mansuetude com que se envolve com a espiritualidade.

Até o momento, não pude verificar se algum médium de cura conseguiu se "safar" de sua qualidade e manter-se assintomático por tempo maior. Postulo ser a atuação do ectoplasma no fenômeno da cura uma atuação no corpo físico e no corpo espiritual, e suponho que a sua atividade esteja envolvida nos tipos de serviços espirituais prestados por casas espiritualistas, sejam elas espíritas, umbandistas, ou de outras religiões.

Os tipos de serviços espirituais relacionados à cura são:

1) orientação espiritual

2) receituário mediúnico

3) água fluidificada

4) passes magnéticos

5) cirurgias espirituais

Pelo que tenho visto, mesmo na orientação espiritual e no receituário mediúnico, não creio que haja somente a prescrição de medicamentos, alimentos ou chás. É comum que o atendido já saia com alguma melhora, mesmo sem o uso do medicamento prescrito.

Ectoplasma

Portanto, essa atuação remonta à utilização do ectoplasma.

Quanto à chamada terapêutica com a água fluidificada, parece muito lógico que seja de alta eficácia, embora não tenha sido reconhecida por muitos espiritualistas como de alto potencial para debelar doenças. Creio que isso ocorra mais por ignorância das leis que devem reger a manifestação do ectoplasma do que por alguém ter verificado sua baixa efetividade.

A água é o carreador dos chamados fluidos vitais, permitindo sua expressão no corpo adoecido. Porém, características da própria água parecem permitir ou dificultar a sua ação. A água tem características como o grau de oxigenação e a turbulência a que está submetida. O menor grau de oxigenação, como o da água proveniente do encanamento das redes de abastecimento (que também possui menor turbulência), parece dificultar a vitalização.

Deve-se lembrar que a água é absorvida principalmente na região do intestino grosso, que é o local onde estão as bactérias intestinais produtoras de substâncias tóxicas, como gás sulfídrico, gás metano, fenol (cancerígeno), putrecina, cadaverina, mercaptanas. A presença do oxigênio na água poderia diminuir a atividade dessas bactérias, que têm seu metabolismo inibido quando em contato com esse elemento. Portanto, a água com maior teor de oxigênio dissolvido poderia limitar esse metabolismo e a produção de substâncias tóxicas.

A água que está submetida à turbulência apresenta uma distribuição das moléculas bastante diferente, conforme já relatado por estudos em diversos locais. No Brasil, cito os trabalhos de M. Matheus de Souza[1] que, em conversa particular,

---

[1] Autor da obra *Magnetoterapia — Uma Maneira Natural para Recuperar e Manter a Saúde* (Editora Ibraqui).

relatou-me pesquisas feitas sobre a chamada água imantada (água que passou por um filtro de magnetos), que é diferente da água fluidificada dos centros espíritas. Matheus conseguiu comprovar que ela possui atividade vitalizadora superior à água comum: as plantas crescem mais, ficam mais viçosas.

O nome de outros estudiosos também puderam ser associados à pesquisa, como o do professor Armando José Orsatto,[2] do Rio de Janeiro. Universidades do porte da Universidade de São Carlos, em São Paulo, ou da Universidade Estadual de Londrina, no Paraná, têm trabalhos de pesquisa verificando os efeitos benéficos da água imantada.

Tenho a impressão de que, mais do que aqui já foi expresso, essas águas podem ser melhores carreadores de poder curativo. Já chegamos a fazer, em nosso grupo, uma observação que constava em aplicar o chamado passe sobre diferentes copos contendo água. Solicitamos que pessoas que desconheciam o procedimento pudessem experimentar da água e expressar suas opiniões sobre o que achavam de cada copo. Constatamos que a percepção das pessoas sobre a água fluidificada (ou magnetizada) foi de que ela era superior em sabor à outra. De certo modo, é estranho dizer que uma água inodora e insípida seja saborosa, mas foi isso que todos nós concluímos, com cerca de 100% de acerto e concordância das opiniões.

Quanto aos chamados passes magnéticos, observo que parte significativa das pessoas com *síndrome ectoplásmica* têm dificuldades de encontrar um "trabalho de cura", e, desse modo, contentam-se em permanecer com o que possuem, que é auxiliar em centros espíritas, pelo menos como passistas. Se-

---
[2] Especialista em magnetoterapia, presidente do Incipe-Brasil (Instituto Latino-americano de Ciências e Pesquisas Biomagnéticas).

guem desse modo, e quando se abstêm dessa atividade, muitas vezes a situação se torna comovedora, pois costumam relatar dores nas mãos, formigamentos e sensação de inchaço nos braços, quando não no corpo todo. Por vezes, também apresentam sintomas psíquicos de irritabilidade, pois ficam mais sensíveis a estímulos e passam a se incomodar mais. O retorno à atividade já funciona como agente de melhora.

Quanto às chamadas atividades de cirurgia espiritual, é fato que nestas pode-se atuar participando como a chamada *assistência de doadores de energia*, ou mesmo como os chamados *médiuns de cura* que, "incorporados", realizam as cirurgias espirituais. Estando na primeira situação, o que percebo é que se trata da atividade que mais equilibra a síndrome. Não tenho percebido nos chamados médiuns de cura, e que a exercem com afinco, quaisquer problemas de desacertos na saúde a comprometer a qualidade de vida.

O empenho com que cada pessoa realiza suas atividades também é fator que permite uma liberação maior de ectoplasma. Parece que a motivação funciona como uma força magnética que impulsiona o ectoplasma para determinado sentido. O arbítrio é força que dá qualidades amplas à atividade de doação.

Em síntese, a regularidade, por meio da disciplina, o empenho e a intensidade da doação desse ectoplasma em atividades próprias para cada tipo de pessoa possuidora de tais sintomas, são ações que estabelecem o equilíbrio do físico. As atividades específicas de liberação do ectoplasma que se realizam com afinco são diretamente proporcionais à preservação do bem-estar físico.

Pelo que tenho visto com a experiência clínica, o modo adequado de tratamento dos sintomas ectoplasmáticos consiste em decodificar o que representam os sintomas para cada diagnóstico, ou, melhor ainda, o que representam para cada pessoa. Tentarei exemplificar com um caso clínico.

Lembro-me de um dos meus primeiros pacientes em terapia de vida passada, com *síndrome do pânico, depressão maior grave*, associada a quadro de *agorafobia* (medo de sair de casa sem acompanhante e, em meio à multidão, acontecer-lhe algo catastrófico e não ser socorrido). Era pessoa de conhecimento universitário, casado, pai de família, e que já não saía de casa havia pelo menos seis meses, tendo transferido o escritório para a residência, em razão de o medo impor-lhe dificuldade para sair. Tinha inúmeros sintomas ectoplasmáticos: ondas de calor, tontura, opressão torácica, palpitações, falta de ar, formigamentos e sensação de fraqueza súbita que lhe dava a impressão de que ia desmaiar; o intestino, por vezes, entrava em desarranjo, desencadeando diarréia.

Foram realizadas sessões de regressão de memória à vida passada, em que vieram à tona personagens que apresentaram mortes trágicas, precedidas por grande medo por vivenciar em pânico o momento da morte, exatamente como se sentia em vida atual no momento das crises. Inicialmente, os personagens eram pessoas simples que passaram por injustiças sociais, vítimas do abuso de poder pela classe econômica dominante, dando a ele a "permissão" para ser revoltado atualmente. Contudo, a vida não nos exime de entender os "porquês" dos fatos, então, personagens de índole agressiva e tirânica foram se apresentando no decorrer das sessões. Chamou-lhe muito a atenção um juiz corrupto que, sedento de poder, não se poupava de realizar atrocidades com os réus, castigando-os até serem levados à morte por decapitação. Outros personagens também realizaram torturas e mutilações.

Durante as regressões, o paciente defrontou-se também com "presenças" do passado que lhe cobravam pelas ações delituosas cometidas no pretérito, como: mutilações, torturas e injustiças motivadas por orgulho e egoísmo. No decorrer dos contatos, apresentou sintomas variados, como: falta de ar, opressão no peito e sensação de mãos apertando sua garganta, além de dores na cabeça. Os sintomas regrediam imediatamente após o afastamento das "presenças", deixando clara a manipulação do ectoplasma pelos desafetos.

Esse paciente possuía percepções paranormais, como: vultos, vozes que o chamavam pelo nome, sensação de pessoas seguindo-o, ou mesmo observando-o, visões trágicas (via-se cometendo suicídio com tiro na região do crânio e sangue em quantidade ao lado da cabeça, fato que se confirmou como uma lembrança de vida passada). Como freqüentava assíduamente um centro espírita, foi orientado a cuidar de sua paranormalidade, educando suas percepções nas aulas, onde aprendeu que a grande maioria dos médiuns é consciente. E então levantou a hipótese de que vários pensamentos que lhe aturdiam a mente com idéias negativistas, e que fugiam ao seu ao controle, pois que se repetiam obsessivamente, independentemente de sua vontade, poderiam provir de "alguém" do mundo espiritual; idéias como: de que, se saísse de casa, alguma tragédia poderia ocorrer e morreria sem socorro, ou mesmo os pensamentos suicidas que o intuíam a jogar o automóvel na frente de um caminhão, para "ver" o que aconteceria.

Na mesa mediúnica, onde havia sido orientado a narrar os

pensamentos que lhe viessem à mente, sentia os braços aumentarem de tamanho, como que a ficar gigantescos por cima da mesa, enquanto se sentia por baixo da mesa e tinha vontade de falar de uma tristeza, mas nada dizia. Retornou ao consultório, e "confessou" que os pensamentos lhe vinham, porém nada falava. Foi orientado a expressar o que lhe vinha à mente. Em nova sessão no centro espírita, teve a mesma sensação, com as mãos gigantescas e os braços enormes, sentindo-se acima da mesa. Retornou ao consultório e relatou a mesma impressão, e novamente foi orientado a falar do que sentia. Mais uma vez, no centro, apresentou semelhantes sensações: agora já se sentia com a cabeça no teto, e não falou nada. Retornou ao consultório, e indaguei-lhe por que lhe custava falar, já que as sensações eram extremamente desagradáveis; não seria de bom alvitre continuar teimando diante de uma situação que poderia ser atenuada. Deveria expressar os sentimentos e pensamentos que lhe vinham à mente. Falei que só lhe faltava sentir-se no alto, próximo ao teto, e de ponta cabeça, e ele então relatou que isso já havia acontecido. Por fim, decidiu que na próxima oportunidade iria falar.

Cerca de três dias depois, ele me telefonou, satisfeito, dizendo que havia "dado comunicação" e que se sentia muito melhor, tanto psiquicamente quanto fisicamente. Era surpreendente a impressão de estar com o corpo mais leve, sem achá-lo pesado, como que convidativo à lassidão.

Tal situação me leva a pensar que o fenômeno chamado "incorporação" (termo usual, porém incorreto, pois não há posse do corpo do médium pelo espírito, o que ocorre é uma comunicação "telepática") passa a "queimar" ectoplasma, como se este fosse um combustível para tal.

O tempo passou e esse paciente concluiu sua terapia: estava bem, assintomático. Em terapia de vida passada, pela técnica da Sociedade Brasileira de Terapia de Vida Passada, costumo dizer que o tratamento tem início, meio e fim, não se prorrogando por mais do que dez ou 12 sessões de regressão. Uns dez meses depois, ele entrou em contato comigo aflito, pois tivera uma crise de angústia no peito, tontura, palpitações, falta de ar. Não era nada tão intenso e desesperador como as crises anteriores, mas retornou ao tratamento e, questionado sobre suas "atividades espirituais", revelou que estava envolvido com a parte científica e doutrinária do espiritismo. Como tinha grande cultura e sabia se expressar bem, começara a realizar palestras que passaram a provocar grande admiração, lotando a casa.

Fiquei contente ao saber de sua melhora, pois já conseguia sair de casa e ainda se expor publicamente. Entretanto, ao questioná-lo quanto à mediunidade, afirmou que fizera a opção de deixá-la para se dedicar às palestras. Então, pedi-lhe que voltasse imediatamente às reuniões mediúnicas, pois entendo a mediunidade como um "carma". Expliquei-lhe que, ao longo das sessões de regressão, por vezes o paciente "vai" até o período do intervidas, anterior à encarnação atual, para saber o porquê de seu carma – de uma deficiência física, por exemplo.

Tenho observado que quando o carma é a mediunidade, constata-se que o espírito, antes de reencarnar, quando faz as suas revisões de vidas prévias, reflete sobre suas falhas pregressas e, com isso, acaba por perceber que, quando encarnado, realmente deixa de lado a finalidade da encarnação, que é aprimorar-se, superar-se, aprendendo a lidar com seus desejos. Conclui, dessa maneira, que se não tiver um contato com a espiritualidade não chegará ao êxito, não conquistará nada de bom. Então, pede aos instrutores espirituais que lhe permitam vir com a paranormalidade, de forma que poderá então crer que há algo além do mundo material.

Assim, já encarnado, poderá apoiar-se nas orientações desses instrutores, para seguir as determinações feitas no projeto reencarnatório. Contudo, sabe que, se assim não o fizer, será por teimosia, e, sentindo-se constrangido por tal determinação que a vida lhe "impõe" (lembra que ele mesmo determinou), terá raiva, e tendo raiva entrará em sintonia com os desafetos do passado, podendo sofrer o assédio espiritual de "presenças". Como médium, a vida cobra-lhe disciplina espiritual. É como se o espírito dissesse a si mesmo: "É preferível sofrer o assédio dos meus desafetos de vida passada e correr até o risco da loucura do que tornar a demonstrar o meu 'gênio' novamente e fazer novas loucuras".

O paciente voltou para as atividades mediúnicas e logo após não mais sentiu os sintomas mencionados.

Visto esse e outros casos, tenho concluído que a atividade dentro de uma casa espiritualista, onde se possa exercitar e educar a paranormalidade, é fator primordial para o controle dos sintomas ectoplasmáticos. Pelo que pude constatar, as pessoas que apresentam bocejos repetidos e incontroláveis quando estão em um casa espírita são portadoras de ectoplasma, cuja liberação se dá justamente por meio desses bocejos. Se assim não fosse, teriam a *síndrome ectoplasmática*, como já constatei. O mesmo também ocorre com passistas que deixam de realizar esse procedimento.

Tenho observado que o sintoma "tontura" tem sido de

grande informação terapêutica, pois, quando acontece, indica que a pessoa está titubeando nos conceitos espirituais, em seus objetivos. É um grande orientador de que já se está pensando em desistir, como no caso apresentado neste capítulo.

Capítulo 16
Alimentação e ectoplasma

Como já citado anteriormente, a alimentação parece ter uma grande importância na produção de ectoplasma. Quanto mais natural, quanto menos processos industriais forem utilizados na sua produção, menor capacidade têm os alimentos de produzir ectoplasma de qualidade duvidosa, e que pode, ao que parece, ser mais facilmente manipulado por "presenças". Isso fica muito evidente quando pessoas que produzem ectoplasma em grande quantidade se dispõem a realizar uma dieta que seja mais "natural", em que as frutas, os legumes e os cereais integrais são mais bem utilizados, assim como a hidratação. O que se percebe é que há uma diminuição significativa das dores articulares, das sensações de inchaço, da constipação e dos gases intestinais, bem como o odor das fezes fica menos intenso e menos pútrido; enfim, ocorre uma melhora física geral. No psiquismo também se evidenciam mudanças: a labilidade do humor torna-se menos freqüente e intensa.

De modo geral, a alimentação natural parece possuir um efeito terapêutico sobre a *síndrome ectoplasmática*. Para tanto, vale pensar no que há de diferente na alimentação integral. No sal marinho, em relação ao refinado, há cerca de 90 elementos naturais; no sal refinado há uma perda desses elementos, sendo ainda acrescido das seguintes substâncias: carbonato de cálcio, dextrose e talco mineral, ferrocianato de sódio, fosfato tricálcico de alumínio, iodeto de potássio, óxido de cálcio, prussiato amarelo de sódio, silicato aluminado de sódio. Na farinha de trigo integral, em relação à refinada: o refinamento rouba cerca de 85% do magnésio, 60% do cálcio, 78% do zinco, 76% do ferro, 77% da vitamina B1, 80% da vitamina B2, 81% da vitamina B3, 50% de ácido pantotênico, 72% de vitamina B6, 86% de vitamina E, 27% de proteína, além de fósforo, manganês, cromo, boro, iodo, ácido fólico (anti-anêmico) e outros, que totalizam cerca de 26 substâncias.

No uso do açúcar refinado há diminuição da absorção de vitaminas do complexo B, assim como acidificação do sangue, com desequilíbrio imunológico e perda lenta e constante de cálcio (favorecendo a osteoporose) e de magnésio (diminuindo as respostas imunológicas do corpo e, portanto, facilitando as infecções e câncer); também pode levar à hipoglicemia e diabetes e afetar pessoas com triglicérides altos e hipertensão arterial.

É comum hoje em dia o uso de adoçantes com a finalidade de evitar-se a obesidade, que vem se alastrando e tornando-se um problema de saúde pública. Sendo assim, é conveniente que se saiba que adoçantes como o ciclamato e a sacarina, que são considerados carcinogênicos, são proibidos em mais de 70 países. O aspartame, que antes se acreditava inócuo, posteriormente descobriu-se ser um oxidante (envelhecedor) cerebral que contém três componentes: fenilalanina, ácido aspártico e metanol (que é um veneno altamente tóxico e faz parte da composição da gasolina).

Sobre o hábito ocidental de comer carne de vaca em excesso, sabe-se que pode ser causa de doenças, pois contém alguns produtos tóxicos, tais como: ácido úrico (pelo tempo de congelamento), DDT (resultante da aplicação de carrapaticidas), dioetiletilbestrol (hormônio sintético feminino usado no gado para engordá-lo), e ainda indol, escatol, aldeídos, como a putrecina e a cadaverina (toxinas naturais decorrentes da decomposição da carne), sulfito de sódio (para dar a cor vermelha), nitrato de sódio ou potássio (para dar um aspecto saudável), ou mesmo parasitas intestinais.

O mesmo acontece com a carne de frango, a qual recebe ainda antibióticos e hormônios. É bom lembrar que derivados da carne bovina ou suína, como lingüiça, mortadela, rosbife, presunto, salame, carnes enlatadas, produzem o mesmo efeito, além de serem acrescidos, por vezes, de antibióticos conservantes do grupo das tetraciclinas.

É muito importante que se mencione a água. Em relação à água de torneira, sabe-se que há muitos contaminantes: já foram identificados mais de 700, como por exemplo os pesticidas, a radioatividade, os aditivos da gasolina, os solventes de limpeza, os metais (como o cobre e o arsênico) e os produtos desinfetantes (e que estão correlacionados com má formação fetal, câncer de pulmão, fígado, rins, doenças cardíacas).

A água pode ainda ter contaminação por chumbo, sendo que a intoxicação por ele chama-se "saturnismo". No homem, a intoxicação pelo chumbo tem alcançado concentrações de 500 a 1.000 vezes mais do que há 50 anos, assim como dos últimos

100 anos para cá aumentou cerca de 100 vezes nos alimentos e cerca de 750 vezes na água. Pode prejudicar o desenvolvimento físico e mental do feto e de crianças, estando nestes últimos associada a um desenvolvimento físico e mental retardado, anemia, baixos níveis de Q.I, aprendizado e níveis de linguagem lentos, hiperatividade com dificuldade de manter a atenção, com conseqüente baixa *performance* no aprendizado escolar, como até mesmo ao câncer. No adulto, leva a: dores de cabeça, enjôos, falta de apetite, ansiedade, dificuldade de memória, e a três síndromes crônicas, como segue:

1) gastrintestinal: falta de apetite, desconforto muscular, indisposição, dores de cabeça e, progressivamente, constipação (raramente diarréia), além de paladar metálico; se a constipação for severa, pode ocorrer náusea recorrente e vômito; as fezes podem estar tingidas com sangue e há espasmo intestinal que dá origem a dor abdominal, com ataques paroxísticos e dolorosos, em que os músculos abdominais ficam rígidos e sensíveis, principalmente na região umbilical; geralmente há palidez, hipertensão e pulso lento e forte;

2) neuromuscular: inicia-se por considerável fraqueza muscular e fadiga e pode evoluir até à paralisia real;

3) sistema nervoso central: só acontece em intoxicação rápida e intensa que leva à vertigem, ataxia, queda, cefaléia, insônia, inquietação e irritabilidade; posteriormente, excitação, confusão e raramente delírio e convulsões repetidas, ou letargia e coma, assim como vômitos em jato, visão dupla ou turvação.

Como visto, uma alimentação natural e saudável é benéfica até para quem não acredita em ectoplasma, ou sequer possui sintomas ectoplasmáticos. Os benefícios são óbvios, como têm comprovado a nutrologia e a medicina ortomolecular.

Ressalta-se que não somos o que comemos, mas, por sermos quem somos, cuidamos melhor ou pior do corpo que habitamos. A alimentação é um co-fator importante para a formação da *síndrome ectoplasmática*, e por isso merece cuidados adequados.

Capítulo 17
Conclusões sobre o ectoplasma e a variedade de apresentações

O ectoplasma é um fluido vital pesado e tem sua produção originária do metabolismo de cada célula, mas principalmente das do fígado. A deficiência de vitaminas do complexo B leva à sua maior produção. Alimentos de origem animal ou artificial levam a uma síntese maior pelo organismo. Está envolvido na formação dos sintomas físicos da *ansiedade, depressão, transtorno de somatização, síndrome da tensão pré-menstrual* e *fibromialgia*. Também está presente em doenças clínicas como a *enxaqueca* e a *úlcera gástrica e duodenal*.

A sintomatologia é tão ampla quanto a medicina possa alinhar, pois está presente em todas as células, o que leva a pensar que o ectoplasma provavelmente esteja envolvido na gênese de todas as doenças.

As "presenças" do passado o manipulam com a finalidade de causar dor e sofrimento às pessoas. Sua manipulação está na dependência de uma sintonia mental proveniente da raiva originária do nosso caráter, ainda com defeitos.

O ectoplasma estabelece a ponte entre o mundo material e o espiritual. Sua produção excessiva por algumas pessoas geralmente está associada à mediunidade de cura. É um carma que orienta a pessoa para uma atividade espiritual, desenvolvendo uma visão mais subjetiva da vida.

O ectoplasma é um fluido que não é bom nem mau. Seu uso é que lhe determinará o efeito. Em verdade, tenho observado que a gama de sintomas que ele causa está correlacionada, em maior parte, com as características do psiquismo e o grau de espiritualização que a pessoa possui. O uso é dependente do psiquismo, no sentido do caráter de cada um: altruísta e humilde, ou egoísta e orgulhoso. Se nos motivarmos a ser pessoas de bom caráter, teremos o desejo de ajudar o próximo, compartilharemos o que temos de bom com os que necessitam, seguiremos determinações que a vida nos traz, não nos recusaremos a realizar o que temos por missão de vida. No entanto, se formos pessoas que pensamos somente em nós mesmos, se nos recusarmos àquilo que a vida nos cede para aprendizado em ser felizes, com certeza estaremos pedindo para ser infelizes.

Muito ainda se deverá pesquisar a respeito dessa matéria denominada ectoplasma. Encontramo-nos ainda nos primórdios do conhecimento sobre essa substância, e cabe a todos que têm apreço pela ciência utilizar o bom-senso e, acima de tudo, com amor, procurar entender o universo em que nos situamos e a finalidade da vida – a busca da plenitude.

Bibliografia

ANDRADE, Hernani Guimarães. *Espírito, Perispírito e Alma.* 1ª ed. São Paulo: Editora Pensamento, 1984.

------------------------. *Parapsicologia Experimental.* 11ª ed. São Paulo: Editora Pensamento, 1999.

------------------------. *Psi Quântico: uma extensão dos conceitos quânticos e atômicos à idéia do espírito,* 1ª ed. Votuporanga: Casa Editora Espírita Piérre-Paul Didier, 2000.

Boletim da Associação Médico-Espírita de São Paulo, vol. 4, n° 4. São Paulo: Associação Médico-Espírita, 1986.

--------------------------, vol. 7, n° 7. São Paulo: Associação Médico-Espírita, 1993.

1ª. Jornada da Associação Médico-Espírita de São Paulo, 1ª ed. São Paulo: FÉ Editora Jornalística (*Boletim Médico Espírita,* n°. 11), 1997.

GUYTON, Arthur. *Tratado de Fisiologia Médica,* 6ª ed. Rio de Janeiro: Editora Guanabara Koogan, s.d.

IANDOLE JUNIOR, Décio. *Fisiologia Transdimensional,* 1ª ed. São Paulo: FÉ Editora Jornalístida, 2004.

KARDEC, Allan. *A Gênese – Os Milagres e as Predições Segundo o Espiritismo,* 16ª ed. São Paulo: 1988.

------------------------. *O Evangelho Segundo o Espiritismo,* 276ª ed. Araras: IDE, 2002.

------------------------. *O Livro dos Espíritos,* 59ª ed. Araras: IDE, 2001.

LIMA, Luiz da Rocha e NEIVA, Lauro. *Forças do Espírito,* 4ª ed. Rio de Janeiro: Educandário Social Lar de Frei Luiz, 1981.

MAES, Hercílio. *Mediunidade de Cura,* pelo espírito Ramatís, 9ª ed. Limeira: Editora do Conhecimento, 1999.

MATOS, Victor José Freire. *Medicina Quântica,* 1ª ed. Curitiba: Editora Corpo Mente, 2001.

PALHANO JUNIOR, L. *Eusapia, A Feiticeira, s. ed.* Rio de Janeiro: CELD, 1995.

PASCH, Georges. *O Homem Paranormal: os fatos e a realidade da parapsicologia*, s. ed. São Paulo: Mercuryo, 1993.
RANIERI, R. A. *Materializações Luminosas*, 1ª ed. São Paulo: FEESP, s.d.
RICHET, Charles. *Trinta Anos de Pesquisas Psíquicas*, s.n.t.
RIZZINI, Carlos Toledo, 1921. *Fronteiras do Espiritismo e da Ciência*, 3ª ed. São Paulo: LAKE, 1992.
RIZZINI, Jorge. *Kardec, Irmãs Fox e Outros*, 2ª ed. São Paulo: Eme Editora, s.d.
TINÔCO, Carlos Alberto. *O Modelo Organizador Biológico*, s. ed. Manaus: Fundação Cultural do Amazonas, 1977, pp. 135-142.
TUBINO, Matthieu. *Um Fluído Vital Chamado Ectoplasma*, 1ª ed. São Paulo: Editora Lechâtre, s.d.
VASCONCELOS, Humberto. *Materialização do Amor — Vida e Obra de Peixotinho*, 2ª ed. São Paulo: Doxa Livro, s.d.
XAVIER, Francisco Cândido. *Ação e Reação*, pelo espírito André Luiz,
------------------------. *Emmanuel (dissertações mediúnicas)*, 16ª ed. Rio de Janeiro: FEB, 1994.
------------------------. *Entre o Céu e a Terra*, pelo espírito André Luiz, 16ª ed. Rio de Janeiro: FEB, 1995.
------------------------. *Evolução em dois Mundos*, pelo espírito André Luiz, 13ª ed. Rio de Janeiro: FEB, 1989.
------------------------. *Libertação*, pelo espírito André Luiz, 16ª ed. Rio de Janeiro: FEB, 1994.
------------------------ e VIEIRA, Waldo. *Mecanismos da Mediunidade*, pelo espírito André Luiz, 12ª ed. Rio de Janeiro: FEB, 1991.

O Homem Transcendental
EDUARDO AUGUSTO LOURENÇO
Formato 14 x 21 cm • 240 p.

O homem é um ser que transcende a matéria. E, como tal, desde sua criação está predestinado a percorrer o caminho da luz. O fisiologista cético, no entanto, insiste em enxergá-lo apenas como um aglomerado de células; o incrédulo pensa que ele se finda com a morte, e o fanático religioso ainda o condena às penas eternas. Mas, este princípio inteligente, tendo estagiado em todos os reinos, é então convidado a caminhar em uma estrutura mais elaborada – a da forma humana –, na qual poderá manifestar suas potencialidades, buscando o autoaperfeiçoamento de sua verdadeira essência espiritual. A ciência e a religião muito contribuíram para a lapidação deste ser, embora ele ainda renegue sua verdadeira natureza, em razão de suas próprias limitações. Como a verdade sempre prevalece, de quando em quando é preciso reviver fatos que um dia assombraram a consciência humana, e que foram relegados ao nível do espetaculoso.

É isto que o autor de *O Homem Transcendental* pretende, ao trazer à tona importantes fenômenos espirituais estudados por diversas áreas da ciência, cujos detalhes "inexplicados" já foram comprovados. É a ciência terrena descobrindo a individualidade após a morte do corpo, através da experiência de quase-morte (EQM); a memória extrafísica e a sede do espírito sendo vasculhadas a fundo; a eficácia do passe magnético e da água fluidificada colocada em evidência; a comprovação da importância do ectoplasma na cirurgia espiritual; e a força da oração e a funcionalidade da meditação como agentes do equilíbrio da saúde. Enfim, uma análise sobre a formação do princípio inteligente, do macaco ao homem atual, extensiva ao campo da mediunidade e aos amplos benefícios da caridade em favor da saúde, concluindo que o homem tem uma enorme potencialidade a explorar.

Inspirada por Irmão Benedito, benfeitor espírito que já atuou como médico em encarnações pregressas, inclusive à época da Inquisição, *O Homem Transcendental* nos apresenta uma ciência que desvenda os princípios da reencarnação e sua dimensão espiritual, para entender o homem como um ser que vive e evolui.

Evolução Anímica
GABRIEL DELANNE
Formato 14 x 21 cm • 240 p.

O espiritismo constitui-se de um conjunto de doutrinas filosóficas reveladas por inteligências desencarnadas que habitaram a Terra. Esses conhecimentos nos ajudaram a desvendar e a compreender uma série de fenômenos psicológicos e psíquicos antes contestados. Portanto, o espiritismo chegou em boa hora, e trouxe consigo a convicção da sobrevivência da alma, mostrando sua composição, ao tornar tangível sua porção fluídica. Assim, projetou viva luz sobre a impossibilidade da compreensão humana a respeito da "imortalidade", e, numa vasta síntese, abrangeu todos os fatos da vida corporal e intectual, e explicou suas mútuas relações. Em *Evolução Anímica*, Gabriel Delanne nos apresenta um generoso estudo sobre o espírito durante a encarnação terrestre, levando em consideração os ensinamentos lógicos do espiritismo e as descobertas da ciência de seu tempo sobre temas como: a vida (entendida organicamente), a memória, as personalidades múltiplas, a loucura, a hereditariedade e o Universo. E nos afirma categoricamente que ela (a ciência), embora ampla, não basta para explicar o que se manifesta em território etéreo, mas terá de se render cedo ou tarde.

Embora antiga, *Evolução Anímica* é indiscutivelmente uma obra tão atual que subsistiu ao tempo e à própria ciência, tornando-se uma pérola que vale a pena ser reapresentada ao público através desta série Memórias do Espiritismo.

Formas de Pensamento
C. W. LEADBEATER
Formato 14 x 21 cm • 112 p.

❝ Este é o manual de conhecimento oculto mais necessário a todos os estudantes. Se assimilado por todos os humanos do planeta, mudaria o mundo para melhor", foi dito sobre a obra Formas de Pensamento. De fato, nada mais importante que as criações vivas e atuantes de nossas formas mentais, como influência individual e coletiva. "Os pensamentos são coisas", diz o antigo aforismo oriental. Leadbeater e Annie Besant nos confirmam isso, ao compartilhar com os leitores as imagens reais percebidas nos planos invisíveis, por sua avançada clarividência, e demonstrar as leis que regem a produção dessas formas coloridas e dinâmicas que nos cercam permanentemente, modelando o nosso carma.

A clareza didática com que esses autores apresentam temas de elevada transcendência oculta, analisando a formação e constituição de formas de pensamento das mais diversas qualidades, nos permite compreender profundamente o funcionamento de nosso mundo interno e a atuação do pensamento criador do ser humano. Lâminas coloridas de grande beleza e precisão ilustram as formas resultantes de pensamentos de amor e ódio, devoção e ciúme, auxílio e temor, depressão e alegria, e muitos outros, com cores e formatos que obedecem a leis definidas.

Por suas preciosas informações, Formas de Pensamento, único em seu gênero na literatura espiritualista ocidental, vem encantando e auxiliando leitores, de forma transparente e acessível, a ponto de ser considerado um indispensável manual de aprimoramento evolutivo para aqueles que anseiam por verdadeiras mudanças.

Espíritos nas Escolas
DALMO DUQUE DOS SANTOS
Formato 14 x 21 cm • 112 p.

Nas escolas existem espíritos desencarnados? Podem ocorrer ali fenômenos espíritas? Há especulações filosóficas sobre esse tema?

Dalmo Duque dos Santos, historiador, professor, autor de *Nova História do Espiritismo*, lembra nesta nova obra que a mesma espiritualidade encontrada nos centros espíritas pode atuar nas escolas ou em qualquer ambiente de trabalho, já que todos somos espíritos e médiuns em maior ou menor grau. Mas como tratar de espiritualidade num contexto em que o paradigma dominante é o da matéria? Não se trata de difundir o espiritismo em sala de aula, mas sim propor que as coisas espirituais sejam ensinadas nas entrelinhas implícitas dos currículos, numa abordagem não formalizada.

Além de reflexões sobre o tema, esta obra apresenta relatos de vivências no ambiente escolar. Segundo o autor, ele é inspirado por espíritos "que parecem ser de uma fraternidade de educadores". E acrescenta: "Socialmente somos professores, mas espiritualmente estamos professores, portadores da candeia, e difusores da luz". Assim sendo, propõe caminhos para o professor consciente da tarefa de clarear as almas e formar uma humanidade melhor.

Pela atualidade das reflexões e abordagem multifacetada, *Espíritos nas Escolas* é uma obra altamente recomendável ao universo dos educadores espíritas e espiritualistas.

ECTOPLASMA
foi confeccionado em impressão digital, em abril de 2025
Conhecimento Editorial Ltda
(19) 3451-5440 — conhecimento@edconhecimento.com.br
Impresso em Luxcream 80g, StoraEnso